The Woman Question

The Woman Question

In Answer to Pastor J. M. Færden

KITTY L. KIELLAND

Translated by Christopher Fauske

A BI-LINGUAL EDITION

RESOURCE *Publications* • Eugene, Oregon

THE WOMAN QUESTION
In Answer to Pastor J. M. Færden

Copyright © 2020 Christopher Fauske. All rights reserved. Except for brief quotations in critical publications or reviews, no part of this book may be reproduced in any manner without prior written permission from the publisher. Write: Permissions, Wipf and Stock Publishers, 199 W. 8th Ave., Suite 3, Eugene, OR 97401.

Resource Publications
An Imprint of Wipf and Stock Publishers
199 W. 8th Ave., Suite 3
Eugene, OR 97401

www.wipfandstock.com

PAPERBACK ISBN: 978-1-7252-8690-0
HARDCOVER ISBN: 978-1-7252-8689-4
EBOOK ISBN: 978-1-7252-8691-7

Manufactured in the U.S.A.   11/20/20

Table of Contents

Introduction	vii
The text in English	1
The text in Norwegian	35
Bibliography	69

Introduction

Christiane "Kitty" Lange Kielland was born on October 8, 1843. The second oldest of eight children, Kielland grew up in one of the wealthiest families in Stavanger, Norway. Her father, Jens Zetlitz Kielland, was a partner in the company Jacob Kielland & Son, the honorary Portuguese consul in the city, a director of the local bank, a property owner, and an amateur painter and musician of some skill. Like many civic leaders, he was also very much involved in the administration of the Lutheran church and its numerous social outreach programs, but this involvement was not just an expression of the established nature of the church in Norway. He was a man of faith. Kielland's mother, Christiane Janna Lange, helped strengthen these bonds between faith, church, and society. Her father had been the regional dean for Stavanger, and therefore the chief cleric resident in the city.[1] When Kielland was 18, her mother died, and her father later married Inger Mæhle, daughter of a local ship captain and an adherent of the Norwegian pietist movement inspired by Hans Nielsen Hauge.

Kielland grew up and then entered adulthood in a household engaged with the world and deeply embedded in the local community, immersed in the life of the state church but also connected to a revivalist movement regularly at odds with that church, and versed in commerce and business even while music and art were often at the heart of the household's daily life.

1. Stavanger had once been a cathedral city and would again become one in 1925, but in Kielland's time there remained a sense that the city had been deliberately slighted when it had lost its cathedral status.

INTRODUCTION

Her father taught her painting and she had private lessons from other local artists. In her early 20s a knee injury made walking difficult, and she took up painting more seriously as it could be done from her wheelchair—a mobility aide she used for several years. Her father was unsure she had the talent to succeed as a professional artist and encouraged her to remain in Stavanger and develop her skills as an amateur. In 1872, however, Hans Gude, then Norway's most prominent painter, visited Stavanger and gave some lessons to Kielland. He was impressed enough by her potential to encourage her father to give his blessing to Kielland traveling to Karlsruhe, Germany, where Gude was professor of landscape art. Women were not permitted to study art at the university, but Gude offered her private lessons. Two years later, Kielland moved to Munich to study with a group of Norwegian painters who would become known as the Lysaker circle. Kielland moved to Paris in 1878, where she would be based for ten years, sharing a home for most of that time with Harriet Backer, the other towering female Norwegian artist of that era. Although settled in Paris, where many of her accomplished portrait and interior studies were painted, most of her summers were spent in Norway and much of her famous landscape work was done then.

In Paris she befriended Arne Garborg, and Jonas and Thomasine Lie: Norwegian writers, nationalists, and advocates of various progressive causes. Her younger brother, Alexander, was establishing himself as a novelist with a pen as observant as her paintbrush and as a leading proponent of comprehensive social reform, with a particular disdain for the contemporary education system. Kielland moved comfortably in a variety of cultural and social milieu where an integral component of the push for reforming Norwegian society included calls for radically rethinking the role of women. Her first major public step toward joining the debate came in 1884 when she was one of the founders of the Norwegian Women's Affairs Association [Norsk Kvinnesaksforening].

The almost total intertwining of the state and the church in Norway in the 1880s—to be a citizen was to be a member of the state church and to be confirmed in that church automatically conferred citizenship—meant that discussion of "the woman question," as both sides called it, covered almost the full range of topics that in other countries could be separated into secular and doctrinal debates.

Artistically, the summer of 1885 saw Kielland's big break through. She spent the summer in Risør with Backer. At a farm outside the town she painted "After sunset" (Efter solnedgang), which made her reputation. Significantly, this was perhaps the painting that established that she, and other female painters, had the skill and the ability to paint landscapes that were both accomplished and had a distinctive expression that made them individual works of art rather than mimicry of other's (men's) paintings. Most Norwegian art critics had been confident in asserting that female artists' talents and sentiments might have suited them for domestic scenes but that other genres were the reserve of men, who alone possessed the ability to understand the full scope of the natural world.

That same summer, Kielland responded to the priests Johan Christian Heuch and Michael Johan Færden, co-editors of the high church and distinctly anti-Haugian "Lutheran Weekly" (*Luthersk Ugeskrift*). The magazine had published a series of commentaries on the role of women in church and society, all advocating not just a strict maintenance of the status quo but arguing further that women already had too much space in the public sphere and that this was undermining both the state and the church. Kielland responded with "Et indlæg i kvinde-sagen" [An observation on the woman's case]. Getting the piece accepted for publication in a journal that seldom accepted submissions from women was quite a coup, but it is also a testament to the editors' confidence in their own abilities to survive the critique.[2] Thereafter, Færden regularly made direct and indirect attacks on Kielland's piece in his continuing campaign against anything that smacked of expanding, or even acknowledging, women's rights.

Also in 1885, Kielland published (anonymously) the short story "Mother's Darling" ("Mors kjæledegge") in the annual journal *Nyt Tidsskrift*, the literary mouthpiece of the circles she was an integral part of.[3] Both that story and her observations in response

---

2. Kielland, "Et indlæg i kvinde-sagen," 209–15.
3. [Kielland], "Mors kjæledegge," 282–299.

INTRODUCTION

to Heuch and Færden are particularly noticeable for their openness about the blessings and pleasures of motherhood. Kielland was unmarried, never had children, and was subject to some significant public ridicule about her looks and her painting techniques, all designed to stress her lack of femininity. "Her art is anything but womanly; indeed, the firm, slightly heavy touch of the work offers a bad look for a female artist," Jens Thiis wrote in a retrospective commentary that captured the tone of much contemporary criticism.[4]

In Kielland's letters there are glimpses of a life she obviously kept carefully private. When her friend and fellow progressive Arne Garborg married Hulda Bergersen in 1887 she gave the couple a large sum of money to help them on their new stage of life, and some years later she wrote to Garborg that, "There are some things I would have wanted to be different, but, all in all, I think this is good as it is."[5] Bergersen herself would reflect years later that "against my will I was the one who hurt [Kitty] the most in life,"[6] yet Kielland had once dismissed the gossip in Christiania about her relationship with Garborg, where they were often seen together in the summer, by laughing at a city that "cannot understand what a man and a woman can talk about when it is not about marriage."[7]

In 1886 Kielland and Backer traveled to Fleskum, a farm just outside of Christiania, to paint with several other of Norway's leading artists. Here, she further developed the themes and techniques that established her reputation—although the famous paintings of peat bogs with which she is most immediately associated were done in the Jæren region south of her home town. Her proximity to Christiania that summer allowed her to actively engage with the political debates without having to wait for news to reach her in France, or even in southern Norway, which could take enough time

---

4. Wichstrøm, *Kvinneliv, Kunstnerliv*, 68.

5. Kitty Kielland to Arne Garborg. Undated letter, but presumably written between late September and early October, 1891. Letter 140 in Melgård, *Kitty L. Kielland og Arne Garborg Brevveksling*. Qtd in Roumimper, "Kitty Kielland."

6. Qtd in Roumimper, "Kitty Kielland."

7. Qtd in Roumimper, "Kitty Kielland." The name Christiania was changed to Oslo in 1925.

INTRODUCTION

to render a reply moot by the time it had made it back to the capital and been published.

Since the previous summer, Færden had gathered together many of his opinion pieces and published them as "The woman question: revised and expanded editorial articles from 'Lutheran Weekly'" [*Kvindespørgsmaalet: Gjennemseet og Forøget Udgave af Redaktionsartikler fra "Luthersk Ugeskrift"*], including some specific responses to Kielland's "Observation." As Kielland says in the introduction to this pamphlet in response, she thought she had said enough in 1885, but requests to develop her arguments led her to write a fuller defense of her position, and in 1886 she published this response to Færden by drawing on her own life choices and experiences and the careers of other women, so it is anchored, too, in the Haugian assertion that each individual must fully claim and actively make his or her own identity and expression of faith in order to fulfil God's promise to humanity.

This was a sentiment she shared with her brother, Alexander, who had castigated the

> teachers and priests ... [who] seemed suddenly to forget that the Christian life, on the frail remains of which they made their living, was something the people had earned for themselves after a long struggle. And like their authoritative predecessors they began, untroubled, to rave that they were the people's shepherds and fathers, that whomever would harm a hair of their head, whomever would take away one iota of their authority and esteem, he destroyed—he destroyed—the people's respect for the sacred, he disturbed with a blasphemous hand the ancient, beautiful, patriarchal bond between the flock and their beloved spiritual shepherd.[8]

Kitty Kielland was sympathetic to this entire analysis, sharing with her brother a recognition that the "frail remains" of real Christianity could not be saved by adherence to stale and self-defeating traditions. The corollary was equally clear to her: that her life, defined by choices she made and actions she took, was justified by faith.

---

8. Kielland, *Skipper Worse*, 42.

Kielland's rebuttal of Færden's arguments is both radical and conservative. She argues for the full engagement of women in all areas of society precisely because any understanding of the Bible that focuses on the words and deeds of Jesus requires so radical a reformation. Indeed, Kielland argues, only individual choice can determine one's faith and one's commitment to Christ. Færden's arguments look at society and structure; Kielland responds with the words and deeds of individuals. Færden's arguments draw heavily on the words of St. Paul; Kielland responds with the words of Jesus.

She replies to Færden drawing on the tradition of Luther and Hauge, confronting her own struggles and her own experiences with honesty and humility to show that Jesus speaks to the individual and that any mediation of that by organized structures that exclude the possibility of full, individual expression is, at best, a pale shadow of what Jesus promised for all humanity.

The full force of Kielland's argument is on display in her discussion of Færden's assertion that "art cannot be a foreign sphere" to a woman

> because we women notice a "bouquet" in the living room, "feminine craftsmanship," the nanny at the "cradle of the little one." It is clear in every sentence that the author has no idea that art is just as serious to the artist as any other responsible life choice; indeed, that it demands the whole personality for itself as much as any other.

Kielland's life and work was an extended and deliberate demonstration of the power and liberation in making a life choice that "demands the whole personality." What she asked for herself, she demanded for everyone. It was a position she held to steadfastly until dementia began to encroach and she retired to a private life that ended with her death in Christiania on 1 October 1914.

Kielland's *Kvindespørgsmaalet* was apparently written in some haste. In some parts, she seems to be working from notes or memory, and not all the material she would have needed to check her quotations and references was likely at hand. There is also evidence of an apparent haste in the production, not least

Introduction

being the transposition of M. J. Færden's initials on the title page, where he appears as J. M. Færden.

In some small way, though, these mistakes might help underscore the energy and passion Kielland brought to a project that is no dry scholarly undertaking. Hers is not a point-by-point rebuttal of Færden, whose own tract tends to be repetitive by virtue of having been columns gathered together in one place; rather, Kielland seizes on the main points and explores each until she has deployed a sufficient mix of biblical, personal, and professional counter-arguments to have made her case, and then she moves on to the next point she wishes to answer.

Thus, on occasion, Kielland's transitions can seem abrupt, but she is weaving together a tract that will answer the sweep of Færden's points without getting caught in the weeds. Besides, she had ways to answer him beyond writing, and her response to him came equally from the painting and the life she made for herself. Her pamphlet is part of a broader response, not *the* response.

Where Kielland does make an obvious error, I correct it in the English translation, providing a note only where necessary. The exception to this rule is on the title page itself, where I have chosen to preserve the error to mimic in English the library catalog entries for the text. I rather sympathize with the anonymous reviewer of the pamphlet who wrote in *The American* that her references would be "duly recognized . . . no doubt, in spite of some defects in orthography."[9]

This is not a scholarly edition, so I do not provide commentary that connects Kielland's piece with the relevant passages of Færden she is answering. Nor do I offer context for her analysis that she does not offer in the text itself. Notes offer the briefest of information that seems helpful to a reader who does not have immediate access to the internet.

The Norwegian copy text is transcribed without correction, so all the errors in the original appear here, too.[10] Some of the errors are obviously just that, errors, but some also help convey

9. Review of Kielland, *Kvindespørgsmaalet*, 28.
10. The source text is available at http://www5.kb.dk/e-mat/dod/130017665368_color.pdf.

xiii

INTRODUCTION

the passion and energy Kielland brought to the task of responding to Færden.

Written Norwegian in 1886 was far more formal than it is today, and, as with many European languages, the change in the use of commas has been dramatic. This translation generally seeks to smooth over both of those issues to produce a text that captures the immediacy of the original while respecting its tone. In particular, this means that where Kielland quotes from the Bible I use the King James Version because it mirrors both the slightly old fashioned language and the central place in Norwegian life the Lutheran bible had when Kielland was writing.

Two phrases in particular, "sideordnede medhjælp" and "sjæl," require a brief discussion here. Kielland uses the phrase sideordnede medhjælp five times. Færden used it frequently in his commentary. Their argument was essentially about what the phrase meant in terms of practical outcome. Kielland maintained real help could only be delivered by co-equals with complementary skills choosing to collaborate, Færden that women should help by working beside men as instructed. I translate the phrase as "help-meet," referring specifically to the verse in Genesis (2:18), "And the Lord God said, It is not good that the man should be alone; I will make him an help meet for him." Kielland's argument, and my intention in using the word with its older English sense of "meet" as meaning "suitable for," is that the idea is inextricably linked to the concept of co-equals.

The word "sjæl" offers an interesting challenge. In modern Norwegian, "sjel" means "soul." When Kielland was writing, the word was spelled as it still is in Danish and carried with it a second meaning, "mind." This subsidiary meaning was less common but not obscure, and Kielland is relying on the ambiguity of the word to create the sense we have in the English phrase "mind and spirit." My translation of the word, and its use in compounds such as "Sjæle-livet," varies to capture the dominant sense in each case, but readers are encouraged to bear the ambiguity in mind on each occurrence.

I first came across Kitty Kielland's tract while working on a translation of one of her brother's novels. Her verve and confidence, scathing wit, and indignant ability (and willingness) to point out stupidity and hubris brought me back to the text again and again just for the joy of it. Ultimately, Kielland's simple summary of her position remains both compelling in its own right and a devastating rebuke to all those who would claim an authority to speak for others: "My argument is that every free person wants to have a personal, independent identity, and I do not see why we should not have the right to want it."

Finally, I would like to thank Jessica Barnett, Bill Coyle, and Kelci Johnston for their encouragement and help with some of the textual issues. I am also grateful to Salem State University's support for this project through its summer stipends program.

The Woman Question

A few months ago, I wrote this reply to Pastor Færden's *The Woman Question*, but I set it aside as, really, I thought I had already said everything in "An Observation on the Woman's Case," which appeared in *Lutheran Weekly*, or that others have already said the same things. But then I got more questions, if I thought I would like to offer something more in-depth, and that has made me decide to publish this, in which I try to go through most of *The Woman Question* and set out my thoughts. At the least, it might not hurt.

What led me to write what follows is that I think there is something so dangerous in *The Woman Question*. That is, it is the author's main endeavor to undermine women's social self-esteem and confidence, which is weak enough already.

The author defines Christianity as damning everything that offers women the practical means to participate in the present and the future.

Whatever one now believes about the new age, whether it is evil or good, it is clear that it is coming and one must be prepared for it. My position, says the author, is impossible: As a Christian I cannot fight for the freedom of women I advocate in my "Observation." That is against the word of God. I must give up one or the other.

I hope I will never do that. The words of the pastor are of little significance to me. I have an entire life's experience from which to decide what I choose or reject. External judgment cannot easily displace that.

But the youth!

Parents think that in order not to be worthless in life, as is now the case, their daughters need an upbringing that develops self-help and independence. And the times are trending in that direction.

And yet the men of the church see a woman's sense of independence as "Eve-driven," her need to develop her abilities as a "demonstration of this instinct." Everything is anti-Christian if it cannot be described as "an enterprise in which she can, in a wider sense, act in a feminine and maternal way, educating, helping, relieving, nurturing, and comforting."

These words can hardly be understood by women who have already suffered a shipwreck and seek a harbor. Yet, the young person beginning life does not see it so negatively. She has courage. She has a strong urge to follow her abilities, and she doesn't stop to offer advice on their nature; after all, it's not as if she has given them to herself.

Yet if she goes beyond prescribed limits, she is met from the church's side with the observation that it what she wants is unclear. She fights on. She gets the verdict: It's unchristian; it's against God's word.

What is now strongest in her, the abilities she feels within herself which she believes God has given her, or this condemnation by Christianity? But surely, she is doubting and casting aside Christianity if she doesn't follow her abilities?

The Woman Question begins by pointing out that there is some confusion about what the fight for or against women's emancipation is really about. Well, the author says, it is not a "quantity issue," as many people think, but a "quality issue." It is not intended to give one of the sexes greater freedom, greater rights; rather, the whole purpose is to change one part of the human race, almost as if there should be one gender instead of two, at least psychologically. If *this* really were the crux of the issue it would certainly contain its own death sentence. As foolish as it would be to work to this end, to generate so many more men, it would also be impossible to destroy in the woman what is unique to her and instead instill or impose upon her abilities or qualities not in her nature.

It seems to me the author forgets throughout the book, or does not think about it at all, that a woman is a human being, just as finished as any other human being, delineated by nature and with exactly the same conditions of self-determination as a man has.

She is *not* a product whose nature and peculiarities change according to different climates, temperatures, or modes of cultivation by which she is raised, but an independent being who matures in just the same way, and just as fully as, a man. The author defends his assertion that questions about the boundaries of a woman's lesser or greater social freedom ought not to set the whole civilized world in motion, as the woman's question now does. Oh well, it took a great effort to get slavery abolished, even though that looked like a great injustice to most people; in this case, too, many priests claim this is a God-ordained relationship that should not be abolished. But, by the way, there is more to this dispute than just a question of boundaries. As I say in my "Observation" the question is really, "Was everything granted us at the same time, or is there a later clause where the man gets to have everything and we have to ask him what we need?"

But so long as one party is unwilling to let go, until both parties have equal rights with equal freedom of choice for themselves and their lives, and only for this long, then it is a question of boundaries.

How women before now could have been man's *helpmeet* is pretty unclear to me. Aid, when you have no right of self-determination, cannot be called mutual.

And yet the author says a woman's relationship with a man can no longer be debated because the Bible and Christianity long ago provided the answer on this issue. At the creation, woman was established as man's helpmeet. The author writes that "Christianity says: 'There is neither Jew nor Greek, there is neither bond nor free, there is neither male nor female: for ye are all one in Christ Jesus.'[1] Equality lies at the core of the moral principle of Christianity. But so long as the Ancients defined bravery, courage, power, cleverness, and similar virtues as male ideals of life there could be no talk of women reaching men's level. But now that the love of God and one's neighbor has become the great commandment of morality, that

---

1. Gal 3:28.

access to equality with the man is open to the woman, and here, on this point, she does not yield to him."

But this addresses the soul's relationship with God rather than moral and social constructs.

I quote this because the evidence offered is so often unclear to me, and whenever I want to see evidence from the Bible it always ends up being reduced to an example of a woman being just a spiritual assistant.

Furthermore, in the same context the author says: "Therefore, the position of women is inextricably linked to Christianity," and here he refers to page 89 of *The Woman Question* by Edmund Gammal.[2] It amazed me to see him provide an almost verbatim quote from a context which opposes the church and which is really a discussion of John Stuart Mill and the positivist Auguste Comte. I explain what I mean about these tendentiously drawn out quotes in my "Observation." Whether used in defense or in attack they are often quite misleading. Edmund Gammal says, "We also find there are certain writers who have completely broken with Christianity as a world religion but who are nonetheless remembered in a spirit of love, for whom the rights of a woman are placed higher than they are by the state churches. The most striking example of this is John Stuart Mill, whose ethics agree with the church but whose world view differs from Christianity. Auguste Comte's worship of women leads to the same observation: The fate of a woman seems so insolubly connected with Christianity's principle of love that if one could imagine this being overlooked and ignored one would also need to imagine the woman being returned to the slavery of the past."

When Pastor Færden goes on to say it is Christianity that has raised women from the "moral and social degradation" into which

2. A pseudonym of Eva Andreetta Fryxell (15 January 1829–31 March 1920) using the title of Edmund den gamle, king of Sweden from c. 1050 to c. 1060. Fryxell, like both Færden and Kielland, took as the title for her tract the general topic of "The Woman Question," in her case calling the whole thing *Qvinnofrågan Jemförelser mellan de Tre Stora Kulturfolkens Nutidsåsikter Rörande Könens Psykiska Begåfning och Sociala Ställning: Studie.* [The woman question: comparisons between the contemporary views of the three major cultures regarding the mental aptitude and social positions of the sexes: a study.]

she was sunk, everyone agrees. I just want to make an observation: Women were indeed in a state of "moral and social degradation" when Christ came with his command for love and equality. Did it become the woman's job alone to raise herself from this moral degradation in fulfilling this commandment? As we see, she is usually called upon to be the support of morality and virtue, so perhaps this was honest work. The man's task was to raise the woman through "social change." It is the honesty of this work that we question. The author finds that "essentially, there is already equality" and the little left to do "remains the task of the Church and Christianity to carry out."

Do these two always go hand in hand?

In *The Woman Question* Edmund Gammal is often quoted in defense of the argument that they do, so I am permitted to use the same text: "The woman speaks to Christian morality, an essential element of the Church's doctrine which finds in women its warmest anthems," and, further down, "The churches have been more attached to the letter of religion than to its spirit, and because the New Testament, according to contemporary Eastern customs and usage, described a woman as deeply inferior to a man this relationship has been adopted as established by Christianity. The doctrine of equality, its very basic founding principle, has given way to this external conservatism."

Pastor Færden believes the idea of equality between men and women is already fully recognized, that it is inherent. Whether it needs "implementing" is where we disagree. It is strange that such a disagreement can occur when the author says, among other things, "As I have said before, we want to claim full equality for the woman beside the man in life and in society."

But what if those for whom equality is claimed have something to say about this society of equals? This question seems so strange, when there are such big words as "side-by-side" and "evenly" being bandied about, that you can get a headache just thinking about it.

Oh no, there follows no obligation from these fine words. In the next sentence, the author always sets a boundary to this equality, often according to his personal taste. The man is and must be superior.

The author reiterates the danger in this dispute, as he portrays it. It seems to me that the danger for women is equally great on either side of this boundary, namely, that she is something quite materialistic.

The author is eager to address those who want women to be man-like beings. "They will," he says, "reduce the difference between the two sexes to something purely physical. One must, then, seek the Nature of Woman, that is, "Das Ewig Weibliche," the eternal feminine,[3] only in the material body. This is indeed all equality lets her retain as a woman, the only thing evolution does not dream of taking when fleeing from her." If this, which seems unclear to me, expresses a strictly materialistic view, then it seems to me the author agrees completely with this view, which is why he later says, "On the contrary, we must, when asked if there is any inherent nature to a woman, be allowed to draw attention to the woman-specific task: to give birth and nurture children."

Is it not peculiar that nature lets her retain, and evolution will not erase, this inherent attribute, but, strangely, the author thinks he needs to draw attention to this fact?

And I don't understand why evolution, which wants the perfection of the human genus, would exclude the spiritual side.

As far as I know, evolution is not a creed but a science.

I often ask myself if perhaps men fear that given the right conditions and circumstances they could be transformed into a completely different being, since they are so terribly afraid of our party.

Might it be useful to further discuss whether the new age perceives the difference between the sexes as merely physical, or as both physical and mental? That there is a difference shows in the love between a man and a woman. The demand for marriage-based equality is greater than ever, and no one has dared to call marriage inappropriate before.

In these two things, the physical difference that natural history teaches and the psychological difference that love seeks and finds, it seems to me that the sexes complement each other.

---

3. Kielland left Færden's German untranslated. It is the phrase Faust uses in the final line of *Faust*, Part Two.

But now the author thinks these conditions for love are lost when the woman gains the freedom to develop abilities that are not specifically part of what he earlier calls her female nature. "The modern erasure of all mental and spiritual inequality between a man and a woman," he thinks, "must have an influence on the concepts of marriage and celibacy." Apparently, the purity of cohabitation must be conditional on a wife's inferiority or sense of dependence on her husband's superior consciousness. Therefore, the husband must guard the boundaries of her development to ensure these separate identities are maintained. That a man is mathematically, literarily, practically gifted: Is this a matter of inclination or of gender? That a woman is musically, mathematically, and practically gifted as a teacher: Could it be just as simple? The author believes a man's completeness as a human being can first, more or less, be ascribed to what he has; whereas, for a woman, all her spiritual and physical capacity must be contained in what she is or can become, a mother.

This shines through everywhere, but most clearly on page 106, where the author identifies a woman's calling as being a mother and thus wants her to apply "motherly, female aptitudes" to "her skills" and "talents." When "woman's nature," "aptitude," "skills," and "talents" are merged into a single category, when this is the author's view of a woman, he ought to carry this idea to its logical conclusion and maintain that whatever she might have gained from marriage should not be for her own use but should be perceived as an interest-bearing loan on behalf of her son or daughter. It sounds a bit overbearing, but this really is what has been demanded of women and what has happened.

For Pastor Færden it is no more useful when the woman turns out to have special abilities outside of motherhood, as he addresses with the words of the old king about his daughter, that nature went astray when it made her a woman.[4] Surely, it is people, rather than nature, who go astray.

4. A reference to Margrete Valdemarsdatter (15 March 1353–28 October 1412), queen of Denmark (24 February 1389–28 October 1412) and founder of the Kalmar Union. The "old king" was Valdemar IV Atterdag. The quote seems to have originated in Holberg, *Dannemarks Riges Historie*.

The author is also not always consistent in denying there can be innate qualities in women of the same type as in men. But, if these are to develop, then, at the least, boundaries must be set. "Each gender must be encouraged in its own realm, for they must not stand as each other's competitor in all spheres of life." The author foresees a potential problem in this concept of "sphere," which is why he establishes a distinct one for the woman, one where she can take her femininity with her.

It is insurmountably difficult to decide how this determines her lifestyle; it is not very often that a woman in marriage gives up on her femininity. By the way, we agree that she must have her femininity within her, but, for me, that means it is present in the person not in the position.

What, then, is femininity? Indeed, what is masculinity? When the latter is defined, I must acknowledge that it sounds to me like an enumeration of unnecessary attributes or errors. While I do not understand that word as requiring that a man be defined by it, I do expect the same respect for the use of the term "man" as for "woman." But we do not get it. What, then, is femininity? Because that word is stamped on our entrance ticket I know what it is from inner experience, and should I be forced to do the impossible and express it. I would say that femininity is the inner force that causes us to gather and preserve what is our difference in nature from man. The child and young person have this instinct, but nothing in us is fortified by remaining instinctual. Everything must be worked through and developed consciously.

Femininity can be found under the roughest external forms. Indeed, from under even the roughest person the finest quintessence can emerge, while sometimes you do not even glimpse it under a formal, correct, and outwardly respectable person.

Femininity is indeed a woman's special property, and when it is to be openly discussed you would expect she should be presumed to know at least something about the point. On the man's side, though, there here must be more guesswork based in assumption rather than knowledge, since the only thing closed to him is that he cannot become a woman.

But no: Man knows woman's nature better than she does herself. He knows both man's and woman's nature best of all.

It hurts when he suggests even a little bit about us, complaining that society does not take into account "our individual humanity with its demands" while letting me know that my perception of my own individuality is "one-sided and misunderstood," even, later, that it is a "sentiment of women's nature."

This is very embarrassing for me.

The author would like to point out to the lady[5] who said "she had not met anyone who knew what he meant by femininity" that the Apostle Peter knew, which is that it was to be the "hidden man of the heart, even the ornament of a meek and quiet spirit, which is in the sight of God of great price."[6]

Now that the author has identified this definition as the practical boundary of femininity it should not be difficult for him to identify the limits of where this idea applies. For his first attempt, the pastor uses his personal taste as a boundary. That may be justification enough for his circle, but not for our society, let alone for the whole gender.

As I say in my "Observation," my personal experience shows that the more independent you become the more feminine you become. He replies to me: "If this were the case, it would not be unfeminine if a sailor's wife performed her husband's work every other day, or a constable's wife replaced her husband patrolling the streets every other night. This is not in line with our view of femininity." It is a great help to me here to be able to introduce the pastor to Dean A. T. Deinboll and his comments on "Women's Issues" in *Lutheran Church Times* no. 13,[7] where he says about this topic: "When you look at the concept of femininity in the light of the apostle's word, 1 Peter 3:4, that 'this is the foundation of true

---

5. Kitty Kielland.

6. The full text (1 Pet 3:4) is, "But let it be the hidden man of the heart, in that which is not corruptible, even the ornament of a meek and quiet spirit, which is in the sight of God of great price."

7. August Thorvald Deinboll (14 June 1810–25 April 1900). Kielland transposed the initials of his name.

femininity at all times'—I would have expected a more profound (more ethical) understanding of this concept."

Further down, the dean says that if these wives really did replace their husbands "then by taking on her husband's work she practiced one of the 'good deeds that befell the woman' (1 Thess. 2:4) and thus there could be nothing untoward about it." Also pertinent, I think, is that Færden's view of women in *The Woman Question* is materialistic, and when he says the whole dispute is really about "whether there is a particular womanhood or not" I see that for the writer femininity is hardly innate, as it can be destroyed by hard, manly work.

As the basic image of femininity, the author uses the veil, which stands in stark contrast to the sailor's and the constable's wife.

It was natural for the apostle to use this image in his time, and it is not difficult to follow his thinking.

But when we, who consider this actual time rather than the apostle's, who have seen women's resurrection from "moral degradation," ask what purity the veil really offers, then we know it cannot be understood in this way today.

It was just man's urge to have the woman as his personal property which brought about the veil. Eastern women were shut in, were not to be seen by others, therefore they got the veil.

Perhaps a little bit of this attitude remains.

The veil dates from the time of women's humiliation.

As I was thinking about this, I happened to read a July 17, 1885 letter from Pastor Berg in *Santalen*[8], and it gave me something of a modern picture of the east.

The pastor reports how he sits at sunset on the Ganges River and can see 200 women playing and jumping around in the harem's garden on the other bank. He is taken by pity for those who may have so little life and spirit, but, rather, boredom and fatigue in their hearts, having only the animal task of satisfying the will of their whimsical ruler. Pastor Berg expresses his joy that "our people's development fell on the road that makes woman one with man." He further says, "And yet I have to fight with them tooth and nail

---

8. The newsletter of the Norwegian Santal Mission, an organization mainly active in India.

for women's emancipation, which has recently been introduced at home, as I have been reading in the newspapers. And yet, I tell myself, the parallels are striking enough between India and many of the women at home, notwithstanding the difference in social conditions. Too often, these are driven by weather and wind, with no other task in life than becoming a housewife, a goal that not everyone can achieve, often without awareness of the responsibility for the soul, that it also has the duty to develop as elevated a healthy and Christian identity as possible." He finds that what one sees there "urges one to go as far as Christianity permits."

For me, as a woman, the ways in which Dean Deinboll and Pastor Berg talk about the case is beneficial. They examine the woman's position and let her Christianity speak through her heart to fellow human beings, while *The Woman Question* speaks in distant images and parables and always about propositions: the married come with a crown and veil, the unmarried are deformed stamens, the fallen woman is a buried vestal virgin.

Even so, there are some phrases one might believe could provide agreement between all parties. The author says that if men and women are distinct in their personality, and everyone must agree about that, then "marriage, the personal union between a man and a woman, is to be conceived of as a total, complete, comprehensive union of the psychic and the physical sides of the personality, of the life of the soul as well as of the life of the body."

Look, here it appears that the woman really does stand as the man's helpmeet. But it strikes me that it is probably me who takes the term "life of the soul" in a broad sense. Although the author later talks about capabilities and facilities, so we are not just in the field of eroticism, I think he would rather ignore ideas of community in a broad sense. When we look and think, we cannot deny that the assistance a man has hitherto demanded of a woman has been mainly physical while he preferred to be alone in developing the life of the mind. This fear of coming across as an intelligent woman is something which used to, and still does, easily disturb the spirit of marriage.

By "life of the mind" I mean, of course, not different professions with their specific knowledge, but that summit of development, the insight that the spirit has gained through living and the resulting view of life, a perspective on life and morality. On these points, men and women are strangers to one another, helpless strangers. The woman feels this alienation more keenly than the man because he, with all his focus on life of the mind, hasn't missed her until now. She has long understood this poverty. Now she feels it and begins to demand not only bodily, but also spiritual and social assistance—Yes, the promised helpmeet.

This claim for equality with man the author calls "Eve-driven." If so, Eve certainly has dialed back her claims. That first temptation was that she would be God-like. Can women show more veneration than this for men?

The most natural means of bringing men and women to a greater understanding of each other is coeducational teaching. This has been very convincingly demonstrated by professionals.

The author fights against this coeducational teaching as if it were one of the greatest evils of all time, on a par with annihilation, citing as its natural consequence the experience of infertility of American marriages.

Either it causes a "physiological crippling of the female organism" so the woman is rendered incapable of having children, or it causes her to kill the unborn life.

Everyone must bow to the actual facts of the statistics, that there are so and so many crimes, but I dare to doubt the conclusions drawn from them. Dean Deinboll says in his essay that "Faced with the dark depictions of the damage coeducational teaching has caused among American women, it is somewhat surprising when a lecture given to the Norwegian Women's Day Association said that among 340 cities in America there are only 19 that have either not at all or only partially introduced coeducational teaching, and that when the government requested them to give their verdict on the system in 1883 most of these coeducational schools' principals gave a very favorable verdict."

As for the crimes detailed as a result of coeducational teaching, there are, of course, plenty of those in France and southern Germany, where there is no coeducational teaching.

In *The Woman of the Past, the Present, and the Future,*⁹ (pages 85–86), August Bebel attributes those in Germany to economic pressure. Pastor Færden says of America that it could not be "economic pressure, or a lack of space for the future generations, which could have tempted an artificial restriction on the generation of the family." But when the statistics again tell us that it is just in the cities, the big cities, that these crimes happen, then I think that the American cities must also be considered as offering economic pressure and little space.

After this depiction of the demoralizing effect it would have on society, and on the woman, if she had the same thorough development of her abilities as the man, we come to the point that a woman's abilities are too small, too limited, that it is not worthwhile to develop them. As evidence, consider that there is no outstanding female historian, no Beethoven or Mozart at the highest level, nor any actress. So a woman cannot measure up to the height of the gift of genius. But it could be very possible. I really believe so. But none of us know. I do not think women have yet had the same opportunities as men to study and develop their skills in any field. Either domestic duties have hindered them, or the external opportunities have not yet been provided. For painters, it is only in France that there is now about the same access to study as men have. Even so, the public academies with their scholarships and free education are closed to women, and education for women is much more expensive everywhere, which is a great hindrance.

But I do not want to argue about the fact that women can reach the heights, which seems to me to be of scientific interest and not at all the crux of the matter here.

The university and other colleges are probably not justified by the existence of any one individual of excellence who may emerge from their course of study but by the fact that every member of the community should be provided the opportunity to develop his or

---

9. Bebel, *Die Frau in der Vergangenheit.* Ferdinand August Bebel (22 February 1840–13 August 1913) was a German writer and one of the founders of the Social Democratic Workers' Party of Germany. His book was published in Copenhagen in Danish and in Stockholm in Swedish in 1885. Kielland is citing the Swedish version.

her abilities for their own and the community's betterment.[10] I have not heard of any preening man being singled out for not achieving the pinnacle of success, so long as he is otherwise conscientious and useful and does not become a financial burden to society.

That women's abilities are not ridiculously small, a few quotes might show.

In *The Woman of the Past, the Present, and the Future* August Bebel quotes what President White said about the University of Michigan: "The best Greek scholar among 1,300 students of the University of Michigan a few years since, the best mathematical scholar in one of the largest classes of that institution to-day, and several among the highest in natural sciences and in the general courses of study, are young women."[11]

"Dr. Fairchild, president of Oberlin College, Ohio, where more than 100 students of both genders are taught jointly, says: 'During my own experience as professor, eight years in ancient languages—Latin, Greek, and Hebrew—likewise in ethics and philosophy, eleven in mathematics abstract and applied, and eight in philosophical and ethical studies, *I have never observed any difference in the sexes as to performance in the recitations*.'[12] Edward H. Magill, president of Swarthmore College in Delaware County [Pennsylvania], says that as a result of many years of experience he has come to the conclusion that the teaching of both sexes together offers the best results in the moral and social sense."[13]

It is impossible to deny there really are abilities in a woman that are not focused on maternity's call, although the author considers them to be rather worthless, and he additionally absolutely doubts there can be a driving compulsion to develop these abilities. The

10. The Royal Frederick University [Det Kongelige Frederiks Universitet], now the University of Oslo, was the only university in Norway when Kielland was writing.

11. Bebel would seem to have got all the material in these paragraphs from Magill, *An Address*. In this passage, I quote from *An Address*, 7. Andrew Dickson White (7 November 1832–4 November 1918) was the cofounder and first president of Cornell University.

12. Fairchild's words above are lifted from *An Address*, 7. Italics in the original English.

13. For what Magill actually says, see page 9 of *An Address*.

woman who wants to go beyond the usually accepted boundaries does so alone and only to show off to, or to compete against, men. As an example, he cites Professor Mrs. Kowalevski in Stockholm.[14]

Specifically, the author wonders with scathing mockery whether anyone could really believe a woman would feel it a life calling to sacrifice herself for her studies. If this could be conceived, the author would "be tempted to endorse the Darwinian theory of the possibility of the complete transformation of female nature."

Indeed, this is so strange that at exactly this point, when I saw a woman accused, I thought, "She needs a defender of her own sex." In many instances, it helps to see the female sense of justice side by side with the male. After all, each sex is different and everything looks different for each of them.

The only case where a woman being driven to "seek her calling in public life's tumult" is not talked about as being a reaction against men, or assigned some other malicious reason, is art. In my "Observation" I call this an inconsistency: "As a rule, the artistic gift is given permission, albeit a little conditionally, and that has often amazed me. Could this be because it is considered more of a luxury item, less serious? Is it even a guarantee that one will not also seek to enter the fenced-off areas? Is it impossible it might be a direct gift from God more than it is a practical one?"

Here the author explains that there is no inconsistency: "The woman is in a deep relationship with the beautiful. The dignified form of thought or action, which a man must often pursue through long detours by means of ponderous thought, seizes the woman so much more easily through her immediate sense of beauty and her deeply engrained sense of modesty."

When it comes to the visual arts this is a straightforward case so far as I understand it: This is precisely the challenge best suited to her because she seeks with greater modesty than the man the right

---

14. Sofia Vasilyevna Kovalevskaya (15 January 1850–10 February 1891), a Russian mathematician, was the first woman appointed to a full professorship in Sweden (Stockholm University, 1889). At the time Kielland wrote, Kowalevski (Kielland uses the spelling preferred by the mathematician) held the position of extraordinary professor (assistant professor in modern terminology). See Koblitz, *A Convergence of Lives*.

form to be made or expressed. But I do not understand why she specifically needs such a sense of modesty here.

So, he concludes, that "that is why genre art is not a foreign sphere to her,"[15] because we women notice a "bouquet" in the living room, "feminine craftsmanship," the nanny at the "cradle of the little one." It is clear in every sentence that the author has no idea that art is just as serious to the artist as any other responsible life choice; indeed, that it demands the whole personality for itself as much as any other.

The explanation is that the author imagines a good family life for artists. So if a woman could become a lawyer, a scientific professor, or a doctor, and could also lead a good family life the question must, then, be settled.

No! The doctor must be excluded. That profession is dismissed as being inappropriate in *The Woman Question* because it is incompatible with a woman's modesty. It would be bad if this were the case, for it is precisely this modesty that creates the need for female doctors.

Why a woman's modesty should require ignorance is incomprehensible to me. The greater her modesty, the greater the protection she has in dangerous fields. If you want to say that medical study is dangerous, that it is too difficult, that not everyone is suited for it, I understand, but if you want to call it unbecoming I think the lack of modesty is in the mind of whoever talks this way.

We do not need to look back to the old times, as the author does, to seek female doctors, as we have them in all countries, even here in the Nordic countries, in Finland, Sweden, and Denmark.[16] I personally know female doctors from those last two countries who have a lot of recognition, and I myself have witnessed a female doctor

---

15. "Genre art" is a specific term meaning "pictorial representation in any of various media of scenes or events from everyday life." Kielland's painting of landscapes, especially as most were done en plein air, was in part a demonstration of the absurdity of the idea that certain art was feminine and other art masculine. Færden uses the phrase "egentlige kunst," which literally means "real art," as in art that reproduces the original and, thus, as he saw it, that is essentially mimicry rather than creative.

16. Marie Spångberg was Norway's first female physician. She opened her gynecology practice in 1895.

who was able to help a woman where the male doctor, whether because of delicacy or ignorance, had let a tumor grow which could have been cured with ease had it been diagnosed in time.

A female doctor who has read this section of *The Woman Question* sent me these statements:

> *Mrs. Jacoby in New York.*[17] Both she and her husband are famous pediatricians; she is very much esteemed by her patients and their families. The medical profession holds her in very high regard, some even higher than her husband.

> *Mrs. Garrett Anderson* in London, the first, or, at least, one of the first, women who studied in Zurich.[18] She set up in London, gained great skill, married, continued to practice to the great pleasure of her patients, and now has a very large clinic in London, to which establishment a large part of the London population voluntarily contributed large sums of money.

What has given the ladies who at some point studied in Zurich such a tough and unfair reputation is the fact that there were at the same time a number of young Russian women and men who had stated to their government that the aim of their journey was to study medicine in Zurich, but in reality they sought a sanctuary where they could debate political matters, which probably already had a strong nihilistic character. The brave, respectable Zurichers watched these Slavic people, strangely, strongly gesticulating, flocking everywhere, holding gatherings in the evening and night, passionately debating their homeland's political and social status—and as they took them for medical students, they developed, of course, a great aversion to them.

---

17. Presumably, Kielland's correspondent was referring to Mary Corinna Putnam Jacobi (31 August 1842–10 June 1906). See: https://cfmedicine.nlm.nih.gov/physicians/biography_163.html.

18. Elizabeth Garrett Anderson (9 June 1836–17 December 1917) was the first woman to qualify in Britain as a physician and surgeon.

In Switzerland, as in most other countries, the children of the country must first pass an examination—similar to our art and philosophicum[19]—before they are allowed to matriculate at the university; for foreigners, no such matriculation test is demanded. They can immediately begin their specific studies. The native students of Bern—men, but also women—saw an injustice in this and filed an application that strangers and natives must be treated equally with regard to university eligibility.

The application was rejected. Men and women of other nations, as before, can study at the excellent Swiss universities (as in several countries) without ever having sat a matriculation exam.

When trying to make a rule for a practical life and asking if the author really would permit a woman to hold a rewarding public office, I think the answer would be yes, provided she is able to take her femininity with her and is able to reconcile her position with a domestic, homely family life. The author singles out being an actress as a job where both womanhood and the role of housewife can be preserved. This is courageous, for it would not seem to align with his desired constraints. There are not many positions that demand a woman be away from home evening after evening long into the night. Bishop Martensen said the art of acting was the only field where women can match men—"because it is so much an art of mimicry."[20]

Although this is quoted in *The Woman Question* it may not be the reason for Pastor Færden's concession. Possibly, the author has seen with his own eyes that an actress can create a cozy home. I would think this would be the case for any practice or job with a regular schedule, even more so than the artistic, which is so dependent on atmosphere.

In any case, the position of the housewife is that of the manager, and think how easy this work is for her because of inventions

---

19. These were a two-part exam required of all students at universities in Denmark and Norway before specializing in their field.

20. Hans Lassen Martensen (19 August 1808–3 February 1884) was bishop of Zealand from 1854–1884 and, so, primate of the church of Denmark. This remark about mimicry mirrors Færden's thoughts on art (see note 16).

which more and more simplify housework. What a difference there is from our grandmothers—yes, our grandmothers. How could they not look contemptuously at how things now are in a home we find ourselves comfortable in? They respected the fact that everything was spun, woven, knitted, and sewn in the house, that they themselves baked the bread, brewed the beer, and molded the candles. Who knows if there won't be even more differences some few decades in the future, even greater simplification and family happiness? Should we have so much distrust of a family of the future? Do we think so much more of our own attitudes than of those who came before us?

The whole system *The Woman Question* seeks to uphold seems unsustainable if you make a determination specific to each life situation, because then it will always depend on what has happened. The writer has to keep up with the changing times, has to see the further evolution of women's positions. Some of it he has to accept, so he has thought about her and her nature, made up his mind, and now he wants to set it all out in an authoritative manner. The author would use biblical authority against the woman, as if a powerful man had gone to a priest and said, "What you have left beyond the daily necessity you must give away, for it is written that you shall carry neither gold nor silver in your belt."[21] The priest would have been able to answer him with other Bible verses, but the man has now found himself unknowingly stuck fast in his position.

There is a side of her personality, of her nature, and of her life which must be a woman's secret, disguised as the creature's shame. However, it seems like a dangerous experiment to let this get in the way of what is demanded of her, that she be the guardian of morality. One learns that while the supreme God created people, one should be ashamed of knowing this side of his masterpiece.

In my "Observation" I say: "It is a common complaint of mothers that they are powerless in the upbringing of their boys. Life, which is more open to everyone now, exposes them to moral

---

21. An allusion to Matt 10:9.

dangers they did not dream of for their children. This lack of knowledge lets a boy get away from them prematurely; indeed, they are hampered by ignorance on all sides."

The author does not deny our time contains specific "moral hazards for the growing family," but he believes this is in large part due to modern literature. While no one seems to think any book of modern literature is appropriate as a confirmation or birthday present for young people, that cannot be the standard by which literature is judged. And is it books that promote immorality or is it, in our case, the exact opposite? Is it not the immorality of society that shapes literature, mainly to be a scourge of chastisement?

When the author uses Paul's words in the Epistle to the Ephesians against my argument— these things should "not even be mentioned among you, as it pleases the saints"[22]—it never occurred to me these words were to be taken to mean that this topic should not be mentioned, that what he had previously mentioned should not be discussed.

A ban on "foolish talk" comes in the next verse.[23] If there is any place where this burden is mentioned by its proper name, it is probably in the Bible.

It is certainly damning if it can be said of literature that it discusses this burden without seriousness, merely as "foolish talk."

The author rails against the new kind of knowledge I want, that mothers must have, and finds he thinks less of me because I refer to a common condition and thinks I mean the youth should be educated in all the "secrets of physiology." I have never talked about anyone other than mothers. Perhaps if they knew the scientific truths then their children would not need "secrets of physiology."

The author believes that no physiological knowledge should be demanded by any mother: "A Christian mother will never have to stand 'powerless in the upbringing of boys' in the moral sense. In the word of God, the foundation of a Christian education in the sight of the living God, she has a better safeguard for her children than all the world's physiology."

---

22. Eph 5:3. Kielland's original refers incorrectly to the Epistle to the Hebrews.
23. Indeed, Eph. 5:4.

If moral temptations were only spiritual then I, too, would believe in the power of prayer and exhortation alone, but are they not equally physical?

Wouldn't a mother be able to save her children from many of these temptations, and give them a healthier physical and moral strength by providing a nurturing upbringing of her little ones? Shouldn't a mother want to know everything that can help her children?

But if you believe this last idea has nothing to do with it, think about it: Would a son in a time of temptation ever confide in an unknowing, ignorant mother so she could provide a word of admonition or love to him?

Oh no, he'll either think she doesn't understand or he'll think she's too pure to hear it.—Can one be too pure to be human?

A mother is used to being reticent about even her own life experiences. Usually, she lets her daughter go without any understanding of married life.

The most natural and truly most beautiful thing in life is disguised and told to a child in foolish stories.

Bebel cites a work by Isabella Beecher Hooker, in which she reports that when her eight-year-old son inadvertently asked how he had come into the world she told him the natural context because she found it immoral to fool him with all kinds of nonsense.[24]

The child listened to her with the utmost attention, and from that day on, because he remembered the worry and pain he had caused his mother, he treated her with an unprecedented affection and admiration; but that is not all, he has applied this admiration to other women as well.

Contrast this to the despairing, unclear, fantasy-tempting secrecy which, inevitably, must eventually be shattered, which now often happens brutally and randomly, rather than in a loving, careful, timely, and appropriate manner. We are all human beings, and we should be able to help each other in quite a different way than we do now.

---

24. Beecher Hooker, *Womanhood: Its Sanctities and Fidelities.*

In my "Observation" I say, "For women in general, no distinction is made with respect to us as far as we understand scripture: 'Here is neither slave nor free, here is neither male nor female; for you are all one in Christ Jesus.'[25] Has Christ ever put us in an inferior relationship? Paul has some local ordinances, etc." Here, I am accused of wanting to distinguish between Christ's words and Paul's words. I will always love Christ's own words and person more.

What I mean is that is counterproductive and not convincing to use Paul's words to married women as a response to "women in general" because a married woman has a particular status, and it is in this status that Paul addresses her. Yet the author has no other rebuttal.

Certainly, I cannot claim that Christ gave a public position to any woman, but you can think of his words and his way of meeting them. He did not tell the woman at the well that she should go into town and testify about him, but he did not chastise her for doing so.[26]

He let the women follow him, did not send them back to their homes; similarly, he responds to Martha when she complains about her domestic chores.[27] Likewise, I address a false understanding of the Bible in the second criticism of my point above. The author cites Paul, who begins "There is neither Jew nor Greek,"[28] but this cannot achieve much. If this Bible verse does not also affect external relations, there seems to me no new commandment of liberty in it. Why else would the apostle point out as new that in their spiritual relationship with Christ men and women do not have a different spiritual position in the eye of God? No legal change is created by these words, but don't they acknowledge a new recognition of human dignity among ourselves? Isn't it precisely Christ's commandment that in a Christian society everyone should be equal, regardless of their social position, elevating human dignity over race, gender, and caste issues? We have seen, after all, that things

---

25. Gal 3:28.
26. John 4 for the whole story. Verse 28 for the specific.
27. Luke 10:40–42.
28. Gal 3:28.

developed quite differently from the original presumption of equality in the idea that the wife should be the husband's helpmeet. Such truths seem to me not to have anything local about them; but Paul, on the contrary, mostly takes prevailing social conditions as the point of departure.

I wonder how literally the Christian women took Paul's words when he says in the epistle to Titus, "The aged women likewise, that they be in behaviour as becometh holiness, not false accusers, not given to much wine, teachers of good things."[29] Possibly, it is unwise of me to take this Bible verse and the other, that they should not adorn themselves with gold or pearls,[30] as purely local, rather than not being a warning against vanity and luxury at all times. I mention this to show this is how it works: If one wants to manufacture a concept of reality, every word becomes a state of mind, as when it is argued that because Peter emphasizes the inner being of the woman this should be the norm for all femininity,[31] but then the author draws attention to our time and posits a constable's or sailor's wife in the man's domain as an expression of womanhood.

Shouldn't it be that Paul—who judged the women around him and wrote them ordinances that could apply in his time—need not set a norm for the social system 1,800 years later?

Paul writes, "But I suffer not a woman to teach,"[32] and in another place that she "shall keep silent in the assemblies."[33] I reiterate my assertion in my "Observation" that "*The Weekly* has even acknowledged that this suited his time and not ours, thereby allowing women into the teaching profession. The teacher who gives lectures to adult students speaks before an assembly." To this the author replies, "The word here given as 'Church' or 'Assembly' is the same as is generally translated as church or congregation. They are talking

29. Titus 2:3. Paul is listing "the things which become sound doctrine."
30. 1 Tim 2:9.
31. 1 Pet 3.
32. 1 Tim 2:12
33. 1 Cor 14:34. The Bible both Kielland and Færden were referencing uses "forsamlingen" [the assembly] rather than "kirken" [the church], allowing traditionalists to include much more than just church life in the debate about the role women could play in society.

here about the public congregations." Well, that's exactly what I've always thought the apostle was talking about, how the young church should be organized, about the spread of the Christian doctrine in his day, and in his instruction he provides them with regulations for women's roles. He never thought of another teaching activity for women. If one were to follow the apostle strictly, this constraint would apply only to church administration and to the spread of Christianity. The author goes on to say, "The teacher in her school does not speak to any congregation, she does not speak publicly, so she does not violate the apostolic admonition." So the question appears to be: public or non-public? It often becomes contentious to decide, and as a woman you are not entrusted with deciding, so you have to approach the nearest theologian. Then it can easily be as it is for a constable's wife: In line with Peter's words she is denied by Pastor Færden the right to patrol the streets for her husband, while Dean Deinboll thinks that it must happen, for the family's sake, that she must do so to follow Paul's word.

One thing will be difficult to decide, the author says at the end of his book: A woman can be permitted to be a writer, but what if she wants to read her own written book out loud to an assembly?

In my "Observation" I say of the submissiveness of marriage: "When the wife's obligation to submissiveness is emphasized, it is *always* in context of her husband. Doesn't that happen in life too?

"Every good young man has assumed this brutal power and superior position over us in his heart and mind. Yet Paul says to the wife that she should be submissive to her own husband, to the husband that he should love his wife, like Christ who loved the church and gave himself for it."[34]

The author replies to me that no appeal can move him: "As far as our voice is concerned, we would like to address the urgent cry to all spouses. The command for husbands to love their wives does not make it difficult for wives to keep their devotion and thereby their sacrificial, willing, and servile submissive role."

---

34. Eph 5:24–25.

Truly, it is beautiful that they ask men not to make it difficult for their wives to be "the submissive servant," a position that might be a little difficult for a "helpmeet."

By the way, I'm not alone in my impression of this part of *The Woman Question*. In the August 1, 1885 issue of *For a Tolerant Christianity* Dean Deinboll says something similar in "About Divorce in Marriage" as I have said above and concludes: "Incidentally, it might be appropriate for those who, almost to the point of abuse, so stridently promote the term 'submissive' to remember that the expression in the Holy Scriptures is used not only about the wife's relationship to the husband but also about the relationship between all members of the Christian congregation. Immediately before the exhortation to wives to be submissive to their own husbands, it is written: 'Submit yourselves one to another in the fear of God.'[35] And in Peter's first epistle 5:5 we learn: 'All of you be subject one to another.'"

The Woman Question addresses my statements about "men's and women's attitude to celibacy" where both French and some Nordic authors are quoted: "They have, as a rule, posed the question whether a woman's previous wrong-doing, whether or not it has resulted in a child, should form a decisive obstacle for even the most honorable man to choose such a woman for his spouse, as she has been morally stained by her fall. Since none of these writers have wanted to deny a man in a similar situation the right to marry, they have, by virtue of the principles of absolute equality, come to the conclusion that public morality also has no right to break the stake over the fallen woman or refuse to acknowledge her right to re-enter family life as an honorable spouse and housewife. This, too, really illustrates the cardinal point on which this question revolves. There is no dispute about the sin itself. In either case, whether committed by a man or a woman, we have not rendered any milder judgment than our adversaries."

This also holds for society as a whole. About my claim for equality, *The Woman Question* says, "It is neither natural nor Christian." It further says, "A fallen woman is fallen *as a woman*;

---

35. Eph 5:21. Part of a series of instructions, the first word of the verse is "submitting."

she is downgraded from the dignity of her femininity. She is like the vestal virgin who had extinguished the sacred fire and thus has also extinguished herself, the most luminous light of life. She is in a relationship to society like the vestal virgin who was buried alive."[36]

How did Christ meet these fallen women? And it really is surprising that he speaks to them so often. He did not exactly meet them liberated from harsh social prejudice, as when we read in the gospel of John about the woman who was caught committing adultery.[37]

To the scribes and pharisees who asked if they should stone her according to the Law of Moses, Jesus said that the sinless person should cast the first stone.

Faced with this moral dictate they don't dare stone her but go out one by one. When they were alone, these two, in the empty space, Jesus asked, "Woman, where are those thine accusers? Hath no man condemned thee?" She said, "No man, Lord." And Jesus said unto her, "Neither do I condemn thee: go, and sin no more."[38]

It seems impossible to me to claim it was only forgiveness of sin Jesus gave her. Here, the pharisees also represent social and bourgeois condemnation and Jesus frees her from this as well. The author will probably answer me that the gospel replaces the law. Yes, and that is why Jesus never says that a fallen woman is to be buried alive. No, he says: "I do not condemn you, *either*. Go away and sin no more."

Didn't Jesus mean here that a fallen woman who redeems herself could be as deserving of marrying a worthy man as any other woman? The author goes on to say that it is not just the woman who is destroyed to so great an extent, so, too, is the promotion of modesty. The author goes on to describe "The sin of the family: The woman brings sin into the family." Surely, it depends as much on the circumstances of the man who leads sin out of his own family and into another. It is the same question for the community in

---

36. The punishment for breaking her vow of celibacy was for a vestal virgin to be buried alive, though this happened very few times: https://www.ancient.eu/Vestal_Virgin/.

37. John 7:53–8:11.

38. John 8:10–11.

which this misfortune occurs: Whether it is his own or someone else's? Whether he is to blame for it?

There really isn't a single word in the entire book that mentions an opportunity for redemption in the community for a fallen woman. Shouldn't this be precisely the doctrine of Christianity, as opposed to worldly judgment? That is why I call for the same standard of morality when, at the same time as he eases all the difficulties that might in practice fall upon a man after a moral failure, the author buries a fallen woman on behalf of society without allowing the possibility of forgiveness.

The author seems well-intentioned but less well-informed about the big issue that in an illicit relationship the man should be required by law to bear most of the expenses of his child's birth and upbringing. The author does not wish to be party to "the moral indignation that is the frivolous villainy of men who seek to heap the greatest possible part of the consequences of sin upon the mother of the child." But, even so, he thinks this: "Those who would remedy the misconception that one party should face all the pressure do not grasp how nature works." He fears that any changes would make it too easy for the woman to be "the guardian of morality." In response, Dean Deinboll says this in *Lutheran Church Times* no. 16: "The author seemingly finds in this bill the fruit of emancipation that sets it at odds with the role of women proscribed by the Word of God and the Order of Nature. This proposal is contrary to the word of the Lord to women that 'In sorrow thou shalt bring forth children.'[39] Of this interpretation, I would only say that it is less than well thought out."

The Woman Question in the same context quotes what Kierkegaard says—"While the woman bears children in pain, the man conceives ideas in pain"[40]—but such a comparison can hardly be equal to the reasons he should be exempt from financial support. Besides, there are a lot of men in such a state who never give birth to any idea.

---

39. Gen 3:16.
40. Kierkegaard, *Either / Or,* 311.

My "Observation" never placed the burden of seduction on the "man's side" as an unbreakable rule. However, to counter the idea that a man should get away scot free I created a worst-case scenario in which the cause of seduction aligned with "real manliness." The author is quite correct that the moral responsibility extends to many women who by "frivolous attire hint at a scandal that does not fail to bear fruit, unfortunately often because of the depravity of lower classes less proscribed by social norms."

It is precisely in these circumstances that the man's and the woman's lot are so unequal, that the law strikes only the woman, it does not strike the guilty man. A simpler case seems possible. In order to charge a woman suspected of immorality it is sufficient to prove she is being paid. Why isn't the payer also held liable? And yet, even after the sin provides clear evidence of the woman's fall, even after the burial alive, the author additionally blames "the woman" for falling farther than the man. Is anyone expecting anything else from her? Is there anyone in the community showing her mercy? Given the badge of a Magdalene, it must be sour enough to receive the compassionate help of foundations.

There is something I find even more telling: In considering the much more stringent expectations laid on women, Edmund Gammal's *The Woman Question* states on p. 67: "The only assumption that can excuse some of their persistent stubbornness against women is that they believe in their right to demand more innocence and modesty from her. But on the other hand, they have never fully figured out all the restrictions a pure life requires and to some extent still entails. She has been subject to the evening dress code, left without bread because of the inheritance law, rendered powerless without the vote."

Women also have a greater ability to fall morally, for their finer nature is not as coarse and "therefore, the fallen woman is the most stinking carrion of the moral world." But could this not be even more justly said about a man? After all, even if he does not behave as nobility would require he nonetheless retains the social right to stink in the finest society.

The practical necessity of the whole question, that the unmarried woman must be able to feed herself, that she should not starve, not live by alms, should sometimes even have the right to eat with her mother or sisters, this is something never mentioned in *The Woman Question*, which basically throws all the evidence aside. The author does refer to teaching, which has been opened to her, but we know that occupation is already crowded. By the way, he thinks things had gone too far in favor of women even before ideas of emancipation surfaced.

The author's portrayal of an unmarried woman is of little encouragement; she is just not a human being, only an axiom or a negative being. His theoretical approach to describing an unmarried woman shows when he says, "The English author, Macmillan, in his beautiful book, *The Promises of Nature*,[41] points out that the part of a flower called the floral cup is in many cases a transformed stamen,[42] that is, a stamen which no longer serves its original purpose to contribute to reproduction; and yet this transformed stamen, in its changed form, secretes a sweet liquid that attracts bees and other insects through whose penetration into the flower the pollen spreads. In doing so, the floral cup contributes to a more perfect function of the plant and performs its role in the flower's household in a more admirable way than if it had retained its original form and function." Seemingly, under the influence of Christianity the honorable woman can appropriately become that honeycomb. It is a remarkable picture and a remarkable change that must take place, whereby motherly nature can thus become more blessed than if it had been directly expressed.

But what is the original form and function of the stamen? It is the male element of the flower world, that's the inexplicable thing about this picture. Later, there will be even more confusion, for in his answer to my "Observation" the author says of this image from botany: "It must be admitted that the picture fits only on the

---

41. Macmillan, *Bible Teachings in Nature*. It was translated into Danish as *Naturens Forjættelser* [The promises of nature]. This passage discussed here would seem to be a not terribly well-informed paraphrase of page 135 of *Bible Teachings*.

42. The Norwegian literally translates as "honey hideout." The English is "hypanthium" or "floral cup," which, sadly, doesn't sound anywhere nearly as appropriate to the extended metaphor Færden makes and Kielland answers.

condition that there is really a specific female nature in particular plants that can be unfolded and developed in different directions, but only within certain natural boundaries. If these are transgressed, then the transformation will produce malformations and not refined plants." This seems to me so distorted that I now find myself no longer sure of anything. One would think that emancipation had also come to the realm of flowers and messed around with the sexes, leaving it in disarray so there was no more difference there either.

Now that the unmarried woman is inexplicably making her way to being the floral cup or transformed stamen she cannot "fail to reach her destination, for this can be done to the blessing of many a beehive and a great circle of budding life. The time will never come when the world no longer needs such flowers. There will always be a craving for them, in families, in the schools, as nurses, as carers in the asylums, in the many charitable missions of the church and—in literature."

After this, there are repeated summaries of what the unmarried woman has to offer on earth, which is so utterly restrictive it merely seems a kind of interest payment on an endowment. However, to indulge the author I can quote further from his book:

"I cannot recognize my words or my opinion in the 'Observation' when it has me pronounce judgment on the unmarried woman: 'You just have to establish your roots; from that, grow a degenerate stamen with a floral cup you are always obliged to keep filled with sweet liquids. These sweet liquids you must get from resigning yourself to your position, and make sure you have enough of the substance, for you are not allowed to seek any positive happiness on earth. The power of God in you must be to you a chastisement of humility.'—I cannot recognize such an understanding of my thought as it posits an absolute Either / Or for the woman: Either, 'the high, the ideal of life-giving' in a 'good marriage,' or, if you do not desire this goal, look to 'live an independent life,' emancipated from the bonds of family life so you don't need to 'kill the delicate feeling of being a burden' or, worse, have to 'depend on' relatives."

Yes, these are the words as I meant them, and I think the author has just quoted the truest words to be found in my "Observation."

Is there a single honorable, able-bodied man who would not think it would kill their fine feelings if they had to be a burden on their relatives? They would want to do everything they could to get away from this embarrassing position. Should such a slavish mind be demanded of a woman so that she must be railed at for opposing it, too? I think the author and I share the same thoughts, the same feelings about these similar situations. There is no difference between the genders in this case.

Only when a woman is independent, that is, only when her position is voluntary, can it be her specific free choice to join a family, either in someone else's home or on what the author calls her "independent escape on new paths." Only as an independent human being she can develop "true femininity." This is why it is so dangerous that a woman is always reinforced in the belief that everyone knows better than she does what is right for her or what serves her better, that she kills her nature by deciding that her weakness is her strength. A woman is not born to be a spindly plant, she becomes so. She should seek to break this pattern. I do not believe the morality of marriage means she should be the grapevine that winds around the strong oak tree. The means to finding her life's happiness is independence to make a home for herself, not to want to absorb the happiness of others.

In the ideal of the self-determined life, surely the unmarried state is not impossible, but must it be so horrible? In any case, it does not necessarily help her satisfy these expectations if she joins another's "familial heartwarming fire." There is no life-determining requirement that she needs coziness that the single man needs less. This desire is not the characteristic of a specific gender.

No, the misfortune, the injustice, is precisely that the unmarried woman has been relegated to grasping a little of the happiness of others instead of having the right to acquire her own independence. She is not allowed to share happiness, that would be inherently unnatural as she is not wife and mother. Their sorrows, on the other hand, she will be party to if the author has his way, for her life's mission must be to "soothe, nurture, help, and comfort." "What a 'flowering' has been the unmarried aunt's love for a large crowd of brothers' and sisters' children, among whom she has gone about as

the comforter in grief, as the counselor in all difficult cases, as the peacemaker in all dissent, as the helper in all accidents."
I don't know, I get the impression of a flatbed truck.
These are quite the sad sorrows she has received, this unmarried aunt. As a rule, she often becomes an immodest, bitter old virgin. But she must not, because then the flower has developed sharp thorns, and that is a big mistake.

All of this must indicate inconsistency on my part when I say in my "Observation" that the ideal of self-determination for the woman is a good marriage, "even as," says the author, "she has no use whatsoever for the roles corresponding to this choice in the many cases where they are defined by marriage." How, he says, can these roles of the woman be found other than in marriage? She does not become more of a wife or mother in families, in schools, in nursing homes, in domestic church missions, or as a writer. These activities alone cannot bring her closer to the ideal of the self-determination she chooses for herself in a good marriage.

My inconsistency apparently continues when I say, "The truest beauty of a woman is to be a happy wife and mother, but who knows that better than those who feel it missing."

The author thinks the argument for emancipation is bankrupt because no sense of independence, "no self-effacing position," "no public right," can eradicate this need; and, he says, "this state of marriage should be judged by every unmarried woman as the way to go through life." But I can't believe it must be so.

If humanity is created with an innate side which creates a yearning if it is not developed, then this must apply equally to both genders, perhaps even more to men.

The woman for whom this desire becomes a "nagging presence" or "a weight of death in life" will "soon become someone who does not have a counterbalancing life-absorbing interest but a dependent, self-less life." We just have to look around to find that as soon as an unmarried woman is able to stand on her own financially and socially she becomes happier and freer, warmer and more affectionate to everyone around her. The bitterness and suspicion fall away. The woman's peculiar ability to spread a sense of comfort around her, to arrange a home, really only needs the unmarried woman to establish a home for herself. Indeed, I go so far as to think that an unmarried woman in her own home can sometimes be of more use, help, and comfort to a person than a housewife, whose entire feelings and interests are often concentrated on husband and children.

My argument is that every free person wants to have a personal, independent identity, and I do not see why we should not have the right to want it.

As for the author's stance as to what the position of the unmarried woman should be, I will repeat my words from my "Observation": "It is for me the epitome of 'love thy neighbor.'"

The author says that my severe judgment is far from offending him; he is, on the whole, grateful because I have been the reason he has published. My statement above is a satisfaction to him as it is proof that I am, indeed, a woman and thus "not driven by impartiality and thoughtfulness"; nor can I "distinguish between the person and argument." Rather, my woman's "thinking is really a kind of feeling."

I cannot flatter myself with having been the cause, for I think his answer to me is just a repetition of the first edition, to which mine was an answer. Whether it is the author's skill or my personality that means I cannot see his case, there is no pre-existing reason for any ill-will on my part toward the author. In my judgment, the author's unkind words do not fit me, as I have found myself a home and an independent position as an artist, and this last he actually allows us in *The Woman Question*.

This "subjectivism" is one of the things belonging to female nature that the author wants to preserve—and it makes her, in the author's opinion, unfit for "participation in the public life."

If we women make the mistake of appearing small and one-sided and of not using our thought and logic, as the author accuses me of in my gender's name, then that accusation should encourage us to correct these errors.

We cannot think with the author that these traits are a desirable peculiarity which should be preserved in order to strengthen his position about the relationship the two genders must have to each other.

„KVINDESPØRGSMAALET".

Tilsvar

til

Hr. pastor J. M. Færden

af

Kitty L. Kielland.

CHRISTIANIA.
THRONSEN & CO.s BOGTRYKKERI.
1886.

For nogle maaneder siden skrev jeg dette tilsvar til pastor Færdens „Kvindespørgsmaalet", men lod det saa ligge, da jeg egentlig syntes, at alt var sagt i mit „Indlæg i Kvindesagen", som i sin tid stod i „Luthersk Ugeskrift", eller at andre har udtalt de samme ting før. Men saa har jeg faaet flere spørgsmaal, om jeg ikke dog vilde svare mere indgaaende, og det har givet mig lyst til at lade dette komme ud, hvori jeg prøver at gaa igjennem det meste i „Kvindespørgsmaal" og at sætte mine tanker imod. Det kunde ialfald kanske ikke skade.

Hvad, der dengang bragte mig til at skrive det efterfølgende, var, at der i „Kvindespørgsmaalet" er noget, som efter min opfatning er saa farligt. Det er det, at forfatterens hovedbestræbelse er at svække kvindens sociale selvfølelse og selvtillid, og den er svag nok før.

Forfatteren sætter kristendommen som fordømmende alt det, der praktisk talt gjør kvinden det muligt at staa i den nuværende og kommende tid.

Hvad man nu tror om den nye tidsretning, at den er af det onde eller gode, saa er det dog klart, at den kommer, og at man maa styrkes til at staa i den. Min stilling, siger forfatteren, er umulig, som kristen kan jeg ikke kjæmpe for kvindens frihed som i mit „Indlæg", det er mod Guds ord, jeg maa opgive en af delene.

Det vil jeg nu haabe, at jeg aldrig skal gjøre. Men pastorens ord til mig har mindre væsentlig betydning, jeg har et helt livs indflydelse paa mig, ansvaret ved, hvad jeg vælger eller vrager, bør jeg kjende, den ydre dom kan ikke let forrykke det.

Men ungdommen!

KVINDESPØRGSMAALET

Forældre synes, at deres døttre for ikke at staa værgeløse i livet, som det nu arter sig, maa faa en selvhjulpen, selvstændig udvikling og opdragelse, i den retning gaar tiden.

Dog, her møder kirkens mænd, kvindens selvstændighedsfølelse, det er „Evabiddet", hendes trang til sine evners udvikling, det er „Demonstrationslyst," alt er antikristeligt, hvorom der ikke kan siges, at det er en „Virkomshed, i hvilken hun kan i videre Forstand virke paa kvindelig og moderlig Vis opdragende, hjælpende, lindrende, pleiende og trøstende".

Disse ord kan neppe forstaaes af andre kvinder end dem, som allerede har lidt skibbrud og vil i havn eller af de enkelte i den retning begavede. Den unge, som begynder livet, ser det ikke saa negativt, hun har mod paa det, hun har en stærk trang til at følge sine evner, og deres art raader hun ikke for, hun har jo ikke givet sig dem selv.

Gaar nu disse udenfor de opskrevne grænser, saa mødes hun fra kirkens side med, at det er ukvindeligt, hvad hun vil. Hun kjæmper videre, saa faar hun dommen over sig, det er ukristeligt, det er mod Guds ord.

Hvad er nu stærkest i hende, de evner hun føler i sig, som hun troede, at Gud havde givet hende eller denne fordømmelse fra kristenhedens side? Mon hun ikke følger evnerne, betvivler og kaster snarere kristendommen.

„Kvindespørgsmaalet" begynder med at gjøre opmærksom paa, at der er saa faa som ved, hvorom egentlig striden for eller imod kvindeemancipationen dreier sig. Idet, siger forfatteren, det ikke er et „Kvantitetsspørgsmaal", som mange synes at tro, men et „Kvalitetsspørgsmaal". Det skulde ikke gjælde at give et af kjønnene større frihed, større rettigheder, men hensigten med det hele skulde være, saavidt det lod sig gjøre, at faa forandret den ene del af menneskeslægten, saa der herefter nærmest skulde blive et istedet for to kjøn, ialfald psykisk talt. Hvis *det* virkelig var kjærnen i spørgsmaalet, saa vilde det vistnok bære dødsdommen i sig selv. Ligesaa taabeligt, som det vilde være af manden, at arbeide til det formaal, at faa ved siden af sig en gang til saa mange mænd, ligesaa umuligt vilde det være at tilintetgjøre i kvinden det hende eiendommelige, og istedetfor at indpode eller paatvinge hende evner eller egenskaber, som hun ikke har faaet i sin natur.

Det forekommer mig, forfatteren gjennem hele bogen glemmer, eller slet ikke tror, at kvinden er en skabning, ligesaa færdig afsluttet som enhver anden skabning, med den samme afgrændsede natur, akkurat de samme betingelser for selvbestemmelse, som manden har.

At hun altsaa *ikke* er et produkt, der forandrer sin natur og sine eiendommeligheder efter det forskjellige klima, temperatur og dyrkningsmaade, som hun kommer ind under, men et selvstændigt væsen, som følger udviklingens gang ligesaafuldt som manden. Forfatteren begrunder sin ovenanførte paastand med, at nogle grændsespørgsmaal om kvindens mindre eller større sociale frihed, ikke kunde saaledes sætte den hele civilicerede verden i bevægelse, som kvindesagen nu gjør. Aa, det var da et stort nappetag at faa slaveforholdet ophævet, skjønt det for de fleste saa ud som en stor uretfærdighed; ogsaa her var en hel del præster bange for, at det skulde være et af Gud forordnet forhold, som ikke burde ophæves. Men forresten ligger der vel mer i striden end bare grændsespørgsmaal, selve sagen er vistnok, som jeg siger i mit indlæg: „Blev ikke alt givet os sammen, eller er der en senere klausul for, at manden skulde have alt, og at vi skal spørge ham om, hvad vi maa bruge?"

Saalænge til den ene part godvillig eller ikke godvillig blir nødt til at slippe taget, saa begge parter faar ligestillet eiendomsret med lige valgfrihed for sig og sit liv, saa længe blir det et grændsespørgsmaal.

Hvorledes kvinden før den tid kan blive mandens *sideordnede medhjælp*, det er mig temmelig uklart. Den medhjælp, some ikke har nogen bestemmelsesret, kan da ikke kaldes sideordnet.

Og dog siger forfattteren, at om kvindens sideordning med manden kan der ikke mer diskuteres, thi paa dette spørgsmaal har bibelen og kristendomen forlængst svaret, ved skabelsen sættes kvinden som mandens sideordnede medhjælp, kristendommen siger: „Her er ikke Jøde eller Græker, her er ikke Træl eller Fri, her er ikke Mand eller Kvinde, thi I ere En i Kristo". „Jevnbyrdigheden ligger med indre Nødvendighed i Kristendommens Moralprincip

Kjærligheden. Saa længe man med de Gamle opstillede Tapperheden, Modet, Kraften, Klogskaben eller lignende mer mandlige Dyder, som Livets Idealer, da kunde der ikke være Tale om for Kvinden, at naa op til Mandens Side. Men naar Kjærligheden til Gud og Næsten er blevet Moralens store Bud, da er Adgangen aabnet for Kvinden til Jevnbyrdighed med Manden, thi her paa dette Punkt viger hun ikke for ham".

Dette maa dog gjælde de moralske og sociale forholde, ikke sjælens forhold til Gud.

Jeg citerer dette, fordi bevisførelsen saa ofte er mig uklar, og overalt hvor jeg vil tage et bevis ud af bibelen, der reduceres det da altid til blot en sjælelig sideordning.

Videre i lige sammenhæng siger forfatteren: „Derfor er Kvindens Stilling uadskillelig forbunden med Kristendommen" og henviser her til „Qvinnofrågan". Studie af Edmund Gammal. S. 89. Det har forbauset mig at se et næsten ordret citat af et sammenhæng, som er saa antikirkelig og egentlig en lovtale over Stuart Mill og positivisten Comte. Jeg paaviser det for at betegne hvad jeg mener i mit „Indlæg" med tendentiøst udrevne citater, de ere ofte ret frem misvisende, om hvad der staar, baade naar de bruges til forsvar og angreb. Edmund Gammal siger: „Deför skal ochså finnas, att hos vissa författara, hvilka fullständigt brutit med kristendomen såsom verldsreligion, men hvilka fortfaranda lifvas af dess kärleksanda ställes qvinnan högre änn innom statskyrkorna. Det mest slående exempel herpå lemnar Stuart Mill, hvars etik öfverenstämmar med, men hvars verldsåsigt vida skiljar sig från kristendomen. A. Comtes qvinnodyrkan bekräftar samma iaktagelse. Qvinnokönets öde synes så ouplösligt, förbundet med kristendomens kärleks*prinsip*, att, om man kunde tänke sig denna som förbisedd och undanträngd, man äfvan skulde nödgas tänke sig qvinnan återförsatt i fördna tiders slåfveri".

Naar pastor Færden videre siger, at det er kristdommen, som har hævet kvinden fra den „moralske og sociale Nedværdigelse", hvortil hun var sunken, saa er vel alle enige om det. Jeg har blot lyst til at gjøre en bemærkning. Kvinden var altsaa i „moralsk og social Nedværdigelse", Kristus kom med sit kjærligheds og lighedsbud. I opfyldelsen af dette bud blev det vel kvindens arbeide at reise sig af den moralske fornedrelse? Naar vi ser hen til, at hun i regelen blir paakaldt som moralens og dydens støtte, saa maa kanske hendes arbeide synes at have været ærligt. Mandens opgave blev det, at hæve kvinden af den „sociale Fornedrelse", det er dette arbeides ærlighed vi ere uenige om, forfatteren finder „at det væsentlig allerede er Jevnbyrdighedens" stilling hun indtager, og at det lille, som er igjen at gjøre „blir det fremdeles Kirkens og Kristendommens Opgave at gjennemføre".

Arbeider altid disse to magter haand i haand?

I „Kvindespørgsmaalet" citeres ofte til forsvar Edmund Gammal, jeg vil derfor faa lov til at tage med, hvad han siger om dette. „För qvinnan taler den kristna moralen, som utgör en väsentlig beståndsdel af kyrkans lära och som hos qvinnan finner sine varmaste anthängere", og længere nede: „Kyrkorna hafva mer fäst sig vid religionens bogstaf än vid dess anda, och derför, att det nya testamentet enligt österländsk seder och bruk framstält qvinnan såsom mannen djupt underordnad, har dettta förhållande antagits såsom det af kristendomen fastställde. Lärens jemnlikhetsidéer, hennes sjelfva grunprincip har fåt vika för denna yttre konservatism".

Pastor Færden mener altsaa, at sideordningen mellem mand og kvinde er allerede fuldt anerkjendt, det er blot i det, at den skal „gjennemføres", at man er uenig. Det er rart, at der skal kunne blive en saa stor uenighed, naar forfatteren siger blandt andet disse ord: „Ogsaa vi vil, som før udtalt, hevde for Kvinden den fulde Jevnbyrdighedens Plads ved Mandens Side, i Livet og i Samfundet".

Men om nu denne jevnbyrdige vilde have noget at sige i dette samfund af jevnbyrdige? Det er saa rart, naar der suser saa store ord omkring en, som „sideordnet" og „jevnbyrdig", saa kan man blive confuse i hovedet.

Aa nei, der følger ingen forpligtelse med disse frie ord, i næste sætning sætter altid forfatteren en bestemt grændse for denne jevnbyrdige, ofte ifølge hans personlige smag, manden er og skal blive overjevnbyrdig.

Forfatteren kommer atter ind paa det farlige i denne strid, saaledes som han fremstiller det, synes det mig, at faren er lige stor fra begge kanter for kvinden, den fare nemlig, at hun anskues ret frem materialistisk.

41

Forfatteren ivrer mod dem som af kvinden vil gjøre et med manden ensartet væsen, „de vil" siger forfatteren, „reducere Forskjellen mellem de to Kjøn til noget rent fysisk". — „Man blir da nødt til at søge Kvindenaturen, das Ewig Weibliche alene i hint fysiske Bundfald; dette er jo det eneste Naturalismen lader hende beholde tilbage som Kvinde, det eneste Evolutionismen ikke drømmer om, at skulle forflygtige hos hende". Hvis dette, som forresten er mig uklart, skal udtrykke en rigtig materialistisk opfatning, saa synes det mig ialfald, at forfatteren gaar aldeles med i denne opfatning, hvorfor han giver de andre skylden, naar han senere selv siger, „derimod maa vi, naar der spørges om der existerer nogen eiendommelig Kvindenatur, tillade os at fæste Opmærksomheden ved den for Kvinden eiendommelige Opgave: at føde og fostre Børn".

Det er ikke rart, at naturalismen lader hende beholde eller evolutionismen ikke vil forflygtige denne eiendommelighed, men besynderlig, at forfatteren synes, han behøves at fæste opmærksomheden ved hint factum.

Hvorfor evolutionismen, som vil den menneskelige slægts fuldkommenhed, skulle ville udelukke den aandelige side, det forstaar jeg nu ikke.

Saavidt jeg forstaar, er evolutionismen ikke en troesbekjendelse, men en videnskab.

Jeg spørger mig ofte, om manden virkelig har følelsen af, at han selv af forholde og omstændigheder vilde kunne omskabes til et helt andet væsen, siden han er saa skrækkelig ræd for vor part?

Mon det nytter videre at discutere om, hvorvidt den nye tid opfatter forskjellen mellem kjønnene som bare fysisk eller baade fysisk og psychisk? At der er forskjel, viser vel kjærligheden mand og kvinde imellem, den er da ikke gaat af brug. Fordringen til, at alene paa den tør et ægteskab grundes, er da større end nogensinde. Man har ikke før turdet kalde fornuftægteskaber upassende.

I disse to ting, den fysiske forskjel som naturhistorien lærer, den psychiske forskjel, som kjærligheden søger og finder, dermed synes det mig, at kjønnene staar færdige ligeover for hinanden.

Men nu mener forfatteren, at denne for kjærligheden betingende forskjel tabes, naar kvinden faar frihed til at udvikle de evner, som specielt ikke henhører under, hvad han ovenfor kalder hendes kvindenatur. „Den moderne Udviskning af al sjælelig og aandelig Ulighed mellem Mand og Kvinde", synes han, maa have Indflydelse paa „Ægteskabets og Kydskhedsbegrebet". Altsaa at renheden i samlivet skulde betinges af kvindens underlegenheds eller afhængighedsfølelse av mandens overlegenhedsbevidsthed. Derfor maa manden passe paa grændserne for hendes udvikling, de forskjellige niveauer maa bibeholdes. At manden er mathematisk, literært, praktisk begavet og udviklet, er det et kjærligheds eller kjønsspørgsmaal? At kvinden er musikalsk, mathematisk, pædagogisk, begavet og udviklet, kan dog ligesaalidt være det? Forfatteren mener ganske rigtig, at manden er et naturhistorisk væsen, der først som fuldfærdigt menneske kan tillægges mer eller mindre begavelse, hvorimod at for kvinden al hendes aandelige og legemlige capacitet skal være indesluttet i det, at hun er, eller kan blive moder.

Dette skinner igjennem overalt men tydeligst paa side 106, hvor forfatteren gjør kvindens moderkald og dermed følgende „moderlig-kvindelige Anlæg „til hendes Talent" og „Pund". Naar „Kvindenatur", „Anlæg", „Talent" og „Pund" er samlet paa det ene, naar dette er forfatterens opfatning af kvinden, da burde han føre tankegangen konsekvent igjennem og fastholde, at hvilke evner, hun ellers maatte have faaet, ikke skulde være til hendes eget brug, men at opfatte som et rentebærende laan, det hun havde at lade staa og testamentere til sin søn eller dattersøn. Det høres noget arrogant, men det er nu egentlig det, som hidindtil er forlangt af kvinden, og som ogsaa er skeet.

Det nytter ikke mer, naar kvinden viser sig at have specielle evner udenfor det moderlige, at møde dem, som pastor Færden gjør, med hin gamle konges ord om sin datter, at naturen havde faret vild, da den gjorde hende til kvinde. Man tror nu snarere, at det er menneskene end naturen, som farer vild.

Forfatteren er heller ikke gjennemgaaende konsekvent i at benægte, at der jo kan være begavelse hos kvinder af samme kaliber som hos manden; men om disse skal faa sin udvikling, da maa der ialfald for dem sættes grænser. „Hvert Kjøn maa henvises til sin egen Livsfære, thi de maa ikke stilles som hinandens Konkurrenter inden alle Livets Sfærer". Forfatteren har vel forudseet en ulighed

KVINDESPØRGSMAALET

i begrebet "sfære", derfor sætter han den anvisning, kvinden kan faa lov at komme der, hvor hun kan tage sin kvindelighed med sig.

Det har sin uovervindelige vanskelighed at bestemme dette paa livsstillingen; mon det ikke er meget ofte, at kvinden i ægteskabet giver kjøb paa sin kvindelighed. Men deri er vi forresten enige, at sin kvindelighed maa hun have med; dog, for mig er den tilstede i personen, ikke i stillingen.

Hvad er saa kvindelighed, ja, hvad er mandighed? Naar den sidste defineres, maa jeg erkjende, at den for mig høres som en opregnen af unødvendige egenskaber eller feil. Men jeg forstaar ikke det ord og tager heller mennesket, som det er, den samme ærbødighed forlanger jeg af manden ligeoverfor kvinden, men den faar vi altsaa ikke. Hvad er saa kvindelighed? Thi paa vor entrébillet maa det ord staa. Af indre erfaring ved jeg, hvad det er, og skulde jeg tvinges til det umulige at udtrykke det, saa vilde jeg sige, at kvindelighed er den indre kraft, som bringer os til at samle og bevare det, som er vor forskjellighed i natur fra manden. Barnet og den unge har dette instinktmæssigt, men intet i os befæstes ved at forblive instinktmæssigt, alt maa gjennemarbeides og erhverves til bevidst eiendom.

Kvindeligheden kan man finde under de groveste ydre former, ja, selv under et grovt væsen kan den fineste kviudelighed komme frem, hvorimod man undertiden ikke ser glimt af den under et formfuldt, korrekt og ydre dannet væsen.

Kvindelighed er dog kvindens specielle eiendom, og naar denne skal diskuteres op og ned, saa skulde det synes, som om hun kunde faa lov til at vide lidt bare paa dette ene pukt. Det maa da være mer gjætning fra det ydre til det indre fra mandens side, da det jo er den eneste udviklingsvei, som er stængt for ham, at han ikke kan blive kvinde.

Men nei, manden kjender kvindens natur bedre end hun selv, baade mandens og kvindens natur kjender han aller bedst.

Det gaar os ilde, naar vi bare antyder lidt personligt om os selv, hvor jeg klager over, at der ikke i samfundet tages hensyn til "vor individuelle menneskelighed med dens fordringer", der faar jeg vide at min opfatning af min egen individualitet er "ensidig og misforstaaet" ja senerehen, at det er en "tænkt Kvindenatur".

Det er meget flaut for mig.

Forfatteren vil overfor den dame, som sagde, „at hun ikke havde truffet nogen, der har vidst, hvad han mente med Kvindelighed", gjøre opmærksom paa, at apostelen Peter vidste det, som siger at den er „Hjertets skjulte Menneske i en sagtmodig og stille Aands uforkrænkelige Væsen, hvilket er saare kostelig for Gud".

Ja, men naar nu forfatteren ser paa dette ord, som kvindelighedens praktiske grændse, saa turde det blive ham vanskeligt at pege paa den stilling, hvori det er umuligt at tage dette sind med sig. Det viser sig ogsaa, at ved den første prøve sætter pastoren sin personlige smag, som grændse, den kan være berettiget nok for hans kreds, men ikke for vort samfund, endsige for det hele kjøn.

Hvor jeg nemlig i mit „indelæg" siger som personlig erfaring at jo selvstændigere man blir, des kvindeligere blir man, der svarer han mig: „Efter denne Opfatning vilde det altsaa ikke være noget ukvindeligt, om en Matroskone hver anden Dag udførte sin Mands Arbeide, eller en Konstabels Hustru, hver anden Nat, afløste sin Mand med at patrouillere i Gaderne. Dette stemmer ikke med vor Opfatning af Kvindelighed". Det er mig en stor hjælp, her at kunne møde pastoren med provst T. A. Deinboll, der i Luthersk Kirketidende no. 13 i sin anmeldelse af „Kvindespørgsmaal" siger om dette Sted. „Naar man anskuer Kvindelighedsbegrebet i Lyset fra Apostelens Ord 1 pr 3. 4. „dette for alle Tider gjældende Grundsted for Bestemmelse af sand Kvindelighed" — havde jeg ventet en mer dybtgaaende (en mer ethisk) Opfatning af dette Begreb".

Længere nede siger provsten, at hvis det virkelig indtraf dette tilfælde, at disse koner kunde erstatte mændene „da mener jeg, at hun ved at paatage sig Mandens Arbeide øvede en af de „gode Gjerninger, der sømmer sig Kvinden (1 Thi. 2—4) og altsaa kunde der ikke være noget ukvindeligt deri". Ogsaa der, synes jeg, at opfatningen af kvinden i „Kvindespørgsmaalet" er materialistisk, naar der siges at hele striden egentlig dreier sig om „enten der gives en eiendommelig Kvindelighed, eller ei", og saa kvindeligheden for forfatteren, ikke er en mer indre aandelig ting end, at den skulde kunne ødelægges ved haardt, mandhaftigt arbeide.

Som grundbillede for kvindeligheden bruger forfatteren sløret, det kommer saa krast imod matros- og konstabelkonen.

Kvindespørgsmaalet

Det var naturligt for apostelen at tage dette billede ud af sin tid, og det er ikke vanskeligt at følge hans tankegang.

Men naar vi, som har seet videre i den faktiske tid end apostelen, som har seet kvindens opreisning fra „den moralske Fornedrelse", spørger os, hvilken oprindelse sløret egentlig har, da føler vi, at det kan ikke paa den maade tages ind med.

Det var just mandens trang til, at have kvinden som sin personlige slaveeiendom, som bragte sløret, derfor lukkedes de østerlandske kvinder inde, maatte ikke sees af andre, derfor fik de sløret paa.

En liden bitte rest af dette er kanske igjen enduu.

Sløret daterer sig fra kvindens fornedrelses tid.

Mens jeg gik og tænkte paa dette, kom jeg til at læse i „Santalen" et brev fra pastor Berg af 17. juli 1885, og det gav mig som et orientalsk billede midt ind i nutiden.

Pastoren fortæller, hvorledes han ved solnedgang sidder ved Gangesfloden og kan se paa den anden bred inde i haremets have 200 kvinder lege og springe omkring. Hvorledes han betages af medlidenhed med dem, som maatte have saa lidt livs og aandsinteresse men snarere kjedsomhed og livstræthed i sine hjerter, idet de kun havde den dyriske opgave at tilfredsstille sin lunefulde herskers villie. Pastor Berg yttrer sin glæde over, „at vort Folks Udvikling faldt paa den Vei, der gjør Kvinden til ét med Manden", videre siger han, „og dog maatte jeg med dem Kamp for Øie om Kvindens Udvikling, som nylig har været ført i Hjemmet, og som jeg netop havde læst i Aviserne, spørge mig selv, om dog ikke Ligheden uagtet Forskjellen i de sociales Forhold, er paafaldende nok mellem Indiens og mange af Hjemmets Kvinder. Ogsaa disse drives altfor ofte om for Veir og Vind, uden anden Opgave i Livet end at blive Hustru, et Maal, som ikke alle *kan* naa, mangen Gang uden Bevidsthed om det Ansvar for Sjælen, at den ogsaa har den Bestemmelse at faa en sund og kristelig og saa høi Udvikling som mulig". Han finder, at hvad man ser dernede „frister en til at gaa saa vidt i den anden Retning, som Kristendommen paa nogen Maade kan tillade".

For min følelse, som kvinde, er den maade, hvorpaa provst Deinboll og pastor Berg taler om sagen, velgjørende. De sætter sig ind i kvindens stilling og lader sin kristendom gjennem hjertet komme frem i ord til medmennesker, medens der i „Kvindespørgsmaal" tales i fjerne billeder og lignelser og altid om principer, den gifte er med krone og slør, den ugifte er en udartet støvdrager, den faldne kvinde en begravet vestalinde.

Ret som det er, kommer der nogle sætninger, som man skulde tro kunde bringe enighed mellem alle partier; forfatteren siger. at hvis mand og kvinde ere ulige i sin personlighed, og det maa da vel alle være enige om, da vil „Ægteskabet, det personlige Livssamfund mellem Mand og Kvinde blive at opfatte som et totalt, et fuldstændigt omfattende, ligesaavel den psychiske som den fysiske Side af Personligheden, ligesaavel Sjælelivet som Legemslivet".

Se, her staar jo kvinden som mandens sideordnede medhjælp, ser det ud til. Men det aner mig nok, at det er mig, som tager „Sjælelivet" i en videre betydning. Skjønt forfatteren senere taler om evner og anlæg, saa det ikke er bare paa erotikens omraade vi er, saa tror jeg dog, at han vil ignorere fællesskab i saa vid betydning. Naar vi ser og tænker os om, maa vi da ikke sige, at den medhjælp, manden hidindtil har forlangt af kvinden, har saa hovedsagelig været i „Legemslivet", hvorimod han har ønsket at være mere alene i ro paa „Sjælelivet". Den frygt, der har været og tildels er for at komme ud for en intelligent hustru, som noget, der lettelig vilde forstyrre aanden i ægteskabet, tyder paa noget saadant.

Med „Sjæleliv" mener jeg naturligvis ikke de forskjellige livsstillinger med deres fagkundskaber, men den høide i udviklingen, det omraade, som aanden gjennem livet har faaet, den deraf følgende livsanskuelse, livssyn og livsmoral. Paa disse punkter staar mand og kvinde fremmede for hinanden, hjælpeløs fremmede. Denne fremmethed kjender kvinden bedre end manden, fordi han med alt aandsliv for sig, ikke hidindtfl har savnet hende. Hun har længe anet fattigdommen, nu føler hun den og begynder at forlange at være ikke alene den legemlige, men ogsaa den aadelige og sociale medhjælp — ja, den sideordnede medhjælp.

Denne ligestillelsesfordring med manden kalder forfatteren kvindes „Evabid". Ja, da har hun sandelig slaaet sine fordringer ned. Den første fristelse var, at hun vilde være Gud lig. Kan kvinden viser mer veneration for manden?

Som det naturligste middel til at bringe mand og kvinde til mer forstaaelse, føres tanken uvilkaarlig hen paa fællesundervisningen. For denne er der talt meget overbevisende og klargjørende af fagmænd hjemme hos os.

Mod fællesundervisningen kjæmper forfatteren, som om det skulde være et af tidens største onder, som var i anmarsch, idet han sætter som dens naturlige, konsekvente og erfaringsmæssige følge barnløsheden i de amerikanske ægteskaber. Enten afstedkommer den en „fysiologisk Forkrøbling af den kvindelige Organisme", saa kvinden gjøres udygtig til at faa børn, eller den bringer hende til at dræbe det ufødte liv i sig.

Enhver maa bøie sig for statistikens faktiske underretning om, at der sker saa og saa mange forbrydelser, men de aarsagsslutninger, som deraf drages, tør man betvivle. Provsten Deinboll siger om dette sted i „Kvindespørgsmaal": „Overfor de mørke Skildringer af den Skade, Fællesundervisningen i sin Rækkevidde har anrettet blandt de amerikanske Kvinder, er det dog noget overraskende, naar man af et i Norsk Kvindesag-forening afholdt Foredrag faar Oplysning om, at der blandt 340 Byer i Amerika kun er 19, som enten slet ikke eller kun delvis har indført Fællesundervisning, og at ialfald de fleste af disse Skolers Bestyrere, da Regjeringen i 1883 anmodede dem om at udtale sin Dom om Systemet, udtalte en meget gunstig Dom".

Med hensyn til de forbrydelser, som i „Kvindespørgsmaal" sættes som følger af fællesundervisning, forekommer jo i massevis i Frankrig og Sydtyskland, hvor ingen fællesundervisning er.

I Aug. Bebels „Kvinnan i forntiden, nutiden og framtiden" side 85—86 udleder han dem for Tysklands vedkommende fra øconomisk tryk. Pastor Færden siger om Amerika at det umulig kan være „øconomisk Tryk, eller Mangel for Plads for de kommende Slægter, som har kunnet friste til en kunstig Begrændsning af Slægtens formerelse". Men naar atter statistikens tal siger os, at det just er i byerne, de store byer, at disse forbrydelser sker, saa tænker jeg, at de amerikanske byer ligesaavel maa tages med i øconomisk tryk og liden plads.

Efter denne fremstilling af den demoraliserende og for samfundet skadelige indflydelse, det vilde have paa kvinden, om hun fik den samme indgaaende udvikling for sine evner som manden, kommer vi til det punkt, at kvindens evner ere for smaa, for begrændsede til at det er umagen værdt at skaffe dem udvikling. Som bevis sættes, at der ikke er nogen kvindelig fremragende historiker, ingen Beethoven eller Mozart i det høieste en eller anden skuespillerinde. At kvinden altsaa ikke skulde være capabel til at naa høiden af begavelsens, geniets udviklig, det kan være meget muligt, egentlig tror jeg det. Men ingen af os ved det. Ikke tror jeg, at de paa noget felt endnu har havt de samme lettende forholde, ja tvingende forholde, som manden til at studere og udvikle sig. Enten har de hjemlige fordringer hindret, eller de ydre forholde ikke endnu været ordnet for kvinden. For malerinder er det blot i Frankrige, at der nu er omtrent de samme adgange til studium som for manden. De offentlige academier med sine stipendier og gratis undervisning er hende dog lukket, og overalt er undervisningen for kvinder meget dyrere, hvilket er en stor hindring.

Men det, hvorvidt kvinden kan naa til den høieste høide vil jeg ikke være med at disputere om, det synes mig mer at være af videnskabelig interesse og slet ikke noget knudepunkt her.

Universitetet og andre læreanstalter er vel ikke begrundet paa de enkelte fremragende størrelser, som der maatte komme til at faa sin udvikling, men paa at ethvert medlem inden samfundet skal faa anledning til at udvikle sine evner til sit og samfundets bedste. Jeg har ikke hørt, at der er vist nogen mand haan, fordi om han ikke er naaet til høieste top, naar han ellers er samvittighedsfuld og nyttig og ikke falder samfundet til øconomisk byrde.

At kvindens evner ikke er latterlig smaa, kan et par citater kanske forklare.

Aug. Bebel i „Kvinnan i forntid, nutiden og framtiden", citerer hvad præsidenten White ved universitetet i Michigan forklarer: „Den bästa lärjungen i grekiska språket bland 1,300 studenter har på de sista åren varit en ung kvinna, den bästa lärjungen i mathematik i en af institutets största klasser är ochså en ung kvinna, och flåra af vora bästa lärjungen inom naturvetenskaparna och de almänna vetensksaperna äro likaledes unga fruntimmer".

„Dr. Fairshield president vid Oberlin college i Ohio vid hvilket mer än 100 studerande af begge könen undervisas gemensam,

KVINDESPØRGSMAALET

säger: „Under min åttaåriga verksamhet som professor i de gamla språken — latin, grekiska och hebraiska — samt i ethik och filosofi, och under min elfåriga verksamhet inom den abstrakta och tillämpade matematiken har jag ei funnit nogen annan skilnad mellan de bägga könen än föredragningssättet. Eduard H. Machille. president vid Swarthmore college i Delaware county säger, att han på grund af mångårig erfarenhet kommit til den öfvertygelsen att den för bägga könen gemensama undervisningen lemnar de bästa resultaten i moraliskt och sedligt henseende".

Det gaar ikke rigtig an at nægte, at der virkelig er evner hos kvinden, som ikke concentrerer sig i moderkaldet, omend forfatteren anser dem for at være temmelig værdiløse, men han tviler absolut paa, at der ved siden af evnerne kan være nedlagt en drivende tvang til at udvikle dem. Den kvinde der vil gaa udenfor de almindelige vedtagne grænser, gjør dette ene og alene for at demonstrere eller for at kapløbe med mændene. Som exempel sættes fru professor Kowalevski i Stockholm.

Speciel taler forfatteren med raillerende haan om nogen virkelig kunde tro, at en kvinde kunde føle det som et livskald, at ofre sig for det juridiske studium. Hvis dette kunde tænkes, da vilde forfatteren „fristes til at godkjende den darwinistiske Theori om Muligheden af Kvindenaturens fuldstændige Omdannelse".

Ja, saa rart er det, at netop paa dette punkt har jeg tænkt, naar jeg har seet en kvinde anklaget, at hun kunde trænge en forsvarer af sit eget kjøn. I mangt et tilfælde kunde én ønske at se den kvindelige retsfølelse ved siden af den mandlige. Eftersom begge kjøn er forskjellige og ser alt forskjelligt.

Det eneste tilfælde, hvor der ikke tales om, at kvinden drives til „at søge sit Kald ude i det offentlige Livs Tummel" af lyst til at demonstrere mod manden eller andre daarlige grunde, er kunsten. I mit „Indlæg" kalder jeg det en inkonsekvents: „I regelen faar den kunstneriske begavelse en tilladelse, omend lidt betinget, det har ofte forbauset mig. Mon det skulde være, fordi den ansees mer for en luxusgjenstand, mindre alvorlig? Den er sogar sikrende for, at man ikke vil ind paa de omgjærdede omraader? Thi det er da umuligt at den skulde være en mer direkte gave fra Gud, end den praktiske begavelse?"

Herpaa giver forfatteren den forklaring, at der er ingen inkonsekvents, thi „Kvinden staar i et inderligt Slægtskabsforhold til det Skjønne". Den værdige Form for sin Tænken eller Handlen, som Manden mangengang maa søge ad lange Omveie ved Hjælp af den grublende Eftertanke, den griber Kvinden saa meget lettere ved sin umiddelbare Skjønhedssans og den dermed inderlig forbundne Sømmelighedsfølelse".

Ligeoverfor den bildende kunst er dette ret frem en frase, saavidt jeg fatter, thi kvinden søger med større vanskelighed end manden den rette form for, hvad der skal fremstilles eller udtrykkes, det er just hendes største vanskelighed. Hvor hun specielt her skal have saadan brug for sømmelighedsfølelsen forstaar jeg ikke.

Ligesaa lidt kan man slutte sig til, at „derfor kan heller ikke den egentlige Kunst være nogen fremmed Sfære for hende" fordi vi ser „Blomsterfloren" i stue, „kvindelige Haandarbeider", barnebysset ved den „Lilles vugge". Der kommer i hver sætning frem, at forfatteren ikke har anelse om, at kunsten er en for personen ligesaa alvorlig, ansvarsfuld livsgjerning, som enhver anden, ja, at den snarere kræver hele personligheden udelt for sig end nogen anden.

Forfatteren har vel seet en del kunstnerinder føre et godt familieliv, det er forklaringen. Men hvis der nu kommer en dame, som sagfører, som videnskabelig professor eller læge, og de kunne føre et godt familieliv skal saa dermed spørgmaalet være afgjort?

Nei, lægen maa vel undtages, thi det fremstilles saa temmelig nær til at være upassende i „Kvindespørgsmaalet". Det henføres som værende uforenligt med kvindens blufærdighed, det vilde være ondt om saa var tilfælde, thi det er just den følelse, som gjør, at der er trang til kvindelige læger.

Hvorfor kvindens blufærdighed skal bestaa i uvidenhed er mig ufattelig, jo mer latent renhed hun har i sig, jo mer beskyttelse har hun jo paa farlige felter. Om man vil sige, at lægestudiet er farligt, er da vel det høieste, det kan da ikke falde nogen ind, at kalde det urent, hvis man gjør det, tror jeg nok, at urenheden ligger igjen i deres egen tanke, som taler saa.

Vi behøver ikke, for at søge kvindelige læger, gaa tilbage i gamle tider, som forfatteren gjør, da vi har dem i alle lande, selv her i norden, i Finland, Sverige og Danmark. Fra de to sidste lande kjender

KVINDESPØRGSMAALET

jeg personlig kvindelige læger, som har megen anerkjendelse, og jeg har selv været vidne til, at en kvindelig læge har kunnet hjælpe en kvinde, hvor den mandlige læge af delikatesse eller uforstand havde ladet et onde voxe, som i sin tid kunde været kureret med en ubetydelighed.

En kvindelig læge, som har læst dette afsnit i „Kvindespørsgmaalet" har sendt mig disse redegjørelser*).

*) *Fru Jacoby* i New-York — Baade hun og hendes Mand er berømte Børnelæger; hun skal være meget afholdt af sine Patienter og deres Familie, Lægestanden sætter hende i videnskabelig Henseende meget høit, nogle endog høiere end hendes Mand.

Mrs. Anderson Garret i London, den første eller ialfald en af de første Damer, som studerede i Zürick. Hun nedsatte sig i London, fik stor Praxis, giftede sig, vedblev til sine Patienters store Glæde at praktisere og har nu i London en særdeles stor Polyklinik, til hvis Oprettelse en stor Del af Befolkningen i London frivillig bidrog med store Pengesummer.

Hvad der har givet de Damer, som paa et vist Tidspunkt studerede i Zürick, en saa haard og uretfærdig Omtale, er den Omstændighed, at samtidig fandtes en mængde russiske unge Kvinder og Mænd, som for deres Regjering havde angivet, at Maalet for deres Reise var at studere Medicin i Zürich, men i Virkeligheden der søgte et Fristed, hvor de sammen kunde debatere politiske Sager, der vistnok allerede den Gang havde et stærkt nihilistisk Præg. De brave, spidsborgelige Züricker saa da disse slaviske Folk, slet soigneret, stærkt gestikulerende, høittalende, flokke sig overalt, holde Sammenkomster om Aften og Nat, hvor de lidenskabelig debatterede deres Fædrelands politiske og sociale Stilling, — og da de antog dem for Medicinere, fattede de naturligvis stor Uvilje mod dem.

I Schweitz som i de fleste andre Lande, skal Landets Børn først underkaste sig en Examen — svarende til vor artium og philosophicum — førend de faar Lov til at immatriculeres ved Universitetet; af Fremmede forlanges ingen saadan Modenheds Prøve, de kan strax tage fat paa deres Specialstudier. — De indfødte Studenter i Bern — Mænd, men forøvrigt ogsaa Kvinder — saa heri en Uretfærdighed og indgav en Ansøgning om, at fremmede og indfødte maatte stilles lige med Hensyn til Adgangsberettigelser til Universitetet.

Ansøgningen blev afslaaet. Mænd og Kvinder af andre Nationer, kan som tidligere studere ved de fortrinlige Schweitzer Universiteter, (som ved flere andre Landes) uden iforveien at have underkastet sig nogen Skoleexamen.

KITTY L. KIELLAND

Naar man prøver at gjøre et uddrag for det praktiske liv og spørge, om egentlig forfatteren vilde tillade at en kvinde har et ernærende offentligt hverv, saa tror jeg det skal være ja til svar, med betingelse, at hun skal kunne tage sin kvindelighed med sig, samt kunne forene sin stilling med et husligt, hjemligt familieliv. Forfatteren paapeger skuespillerindens stilling, som den, hvori kvindeligheden og husmoderen kan bevares. Det er modigt, thi det skulde ikke synes at harmonere med den beskedne tilbagetrukkethed, som forlanges. Der er ikke mange stillinger, som i den grad forlanger hendes væren borte fra hjemmet, sogar aften efter aften til langt paa nat. Biskop Martensen har sagt, at skuespillerkunsten var det eneste felt, hvor kvinden kunde naa til manden — „fordi denne i saa særlig grad er en efterlignende kunst", mon ikke det er grunden til indrømmelsen.

Dette citeres i „Kvindespørgsmaalet", muligens har forfatteren seet med egne øine, at en skuespillerinde kan føre et hyggeligt hjem. For mig staar nu enhver praktisk eller embedsstilling med bestemt kontortid, som saa meget lettere end den kunstneriske, der i sin praxis er saa afhængig af stemninger.

I begge tilfælder maa husmoderens stilling være den administrerende, og tænk, hvor lettes ikke det arbeide hende efter hvert ved de hjælpende opfindelser, som mer og mer forenkler husstellet. Hvilken forskjel er der ikke fra vore oldemødre, ja bedstemødre til nu, hvor vilde ikke de med foragt se ned paa, hvorledes det nu gaar til i et hjem, som vi finder os vel i. De satte sin ære i, at alt blev spundet, vævet, strikket og syet i huset, at de selv bagte brødet, bryggede øllet og støbte lysene. Hvem ved, om der ikke et par led fremover er endnu større forskjel, endnu større forenkling og dog familielykke. Hvorfor skulde man have saa megen mistillid til en kommende slægt, tror vi os hver for sig personligt saa meget være end de, som var før os?

Det hele system, som „Kvindespørgsmaalet" holder paa synes uholdbart, hvis man saaledes, som der er gjort, vil gjøre en bestemmelse for hver livsstilling, saa vil jo det altid afhænge af, hvad man har seet realiseret. Forfatteren er nødt til at følge med de forandrede tider, er nødt til at se kvindens større udvikling, lidt af det maa han tage med, han har tænkt over hende og hendes natur,

53

gjort sig op sine meninger og nu vil han over det hele sætte den ordnende autoritet. Forfatteren vil paa kvinden bruge den bibelske autoritet, som om en egenmægtig mand gik til en prest og sagde: det du har tilovers, mer end det dagligt nødvendige, skal du give fra dig; thi der staar skrevet, at du maa ikke bære guld eller sølv i ditt bælte. Presten vilde vist kunne møde ham med andre bibelsprog, men manden havde nu seet sig uforstaaende ensidig fast i sit.

Der gives en side af personligheden, af naturen og af livet, som skal være kvinden ukjendt, fortiet som skabningens skam. Det synes dog som et farligt experiment det maatte vel snarere hindre det, som forlanges af hende, at hun skal være sædelighedens vogterske. Man lærer, at det ypperste Gud har skabt, er mennesket; men man skal skamme sig ved at kjende dette mesterværk.

I mit indlæg siger jeg: „Det er en almindelig klage af mødre, at de staar magtesløse ligeover for opdragelsen af gutterne. Livet, som lægges mer aabent for enhver nu, viser dem sædelige farer, som de ikke drømte om for børnene. Deres mangelfulde kundskaber lader gutten slippe for tidlig fra dem, je de hæmmes af uvidenhed paa alle hold".

Forfatteren vil ikke nægte, at særlig vor tid frembyder store „sædelige Fraer for den opvoxende Slægt," men han mener, at dette for en væsentlig del skyldes den moderne literatur. Der kan vist ingen synes, at enhver bog af den moderne literatur er passende til confirmations- eller geburtsdagspresent for den unge ungdom, men det kan da ikke være normen for en literatur. Og mon det saa er bøgerne, som gaar forud for usædeligheden, er ikke netop det omvendte hos os tilfælde? Er det ikke samfundets umoral, som tvinger literaturen frem, hovedsagelig som en tugtens svøbe?

Naar forfatteren anvender Pauli ord i brevet til Hebræerne mod vor literatur, disse ting: „nævnes end ikke iblandt eder, som det sømmer sig de Hellige", saa har det aldrig staaet for mig, som om dette ord skulde tages saaledes, at lasten ei skulde nævnes, men vel at de laster, han forud nævner, ei maa findes hos dem.

Et forbud mod „gjækkelig Snak" kommer i næste vers. Er det noget sted, hvor lasten nævnes ved sit rette navn, see er det vel i bibelen.

Kan der siges om den moderne literatur at den omtaler lasten uden alvor, blot som „gjækkelig Snak", ja da er det vistnok fordømmeligt.

Forfatteren raillerer over, hvad det vel kan være for en ny art kundskaber, jeg vil have, at mødrene skal faa, finder det mindre betænkt af mig, at jeg bare refererer en almindelig klage, og tænker, at jeg mener, at ungdommen skal indvies i alle „fysiologiens hemmeligheder". Jeg har aldrig talt om andet end mødrene, kanske hvis de vidste besked om fysiologiens videnskabelige sandheder, at børnene ikke kom ind i „fysiologiens Hemmeligheder".

Forfatteren mener, at nogen fysiologisk kundskab bør ingen moder forlange thi: „En kristelig Moder vil aldrig behøve at staa „magtesløs ligeover for Opdragelsen af Gutterne" i sædelig Henseende. Hun har i en paa Gudsordet grundet kristelig Opdragelse for den levende Guds ansigt et bedre Beskyttelsesmiddel for sine Børn end al Verdens Fysiologi".

Hvis de sædelige fristelser bare var aandelige, ja da tror jeg ogsaa paa bønnens og formaningens magt, men er det da ikke saa, at de ere ligesaavel fysiske?

Vilde ikke en moder, netop der ved en forstaaende opdragelse fra smaa af, kunne spare sine børn for mange af disse fristelser og kunne give dem en sundere fysisk kraft og aarvaagenhed. Bør ikke en moder ønske at kjende alt, som kan hjælpe hendes børn.

Men om man nu tror, at dette sidste intet har for sig, tænk paa det. Vil nogensinde en søn i fristelsens stund, betro sig til en uforstaaende, uvidende moder, saa hun kan faa bragt formaningens eller kjærlighedens ord til ham.

Aa nei, han vil enten mene, hun forstaar mig ikke, eller han vil tro, hun er for ren til at høre saadant. — — — Er man for ren til at være menneske?

Selv sit eget erfaringsliv er moderen vant til at lukke inde, i regelen lader hun datteren gaa uden nogen forstaaelse i et ægteskab. Det naturligste og egentlig skjønneste i livet fortutles og forhutles for barnet ved taabelige beretninger.

KVINDESPØRGSMAALET

Bebel citerer af et værk af Isabella Beeche-Hocker, hvor hun fortæller om, at hun, da hendes otteaarige søn uafladelig spurgte hende om, hvordan han var kommet til verden fortalte ham den naturlige sammenhæng, fordi hun fandt det umoralsk at narre ham med alskens tøv.

Barnet hørte paa hende med den største opmærksomhed, og fra den dag af, da han havde erfaret, hvilken bekymring og smerte, han havde forvoldt sin moder, havde han sluttet sig til hende med en hidtil ukjendt hengivenhed og beundring; men ikke nok hermed, han havde overført denne beundring ogsaa paa andre kvinder.

Istedetfor den fortvivlede, uklare for fantasien fristende hemmelighedsholdelse, som dog engang maa brydes, hvilket nu ofte sker brutalt og tilfældigt, kunde der sættes en kjærlighedsfuld, omhyggelig underretning i rette tid og med rette omfang. Vi ere dog alle mennesker, og den ene burde paa en ganske anden maade kunne hjelpe den anden, end vi gjør.

I mit indlæg siger jeg: „Som kvinde i almindelighed blir ingen forskjel gjort paa os, saavidt vi skjønner i skriften: „Her er ikke Træl eller Fri, her er ikke Mand eller kvinde; thi I ere alle en i Kristo Jesu. Har Kristus nogensinde stillet os i det underordnede forhold? Paulus har nogle lokale forordninger o. s. v." Her bebreides mig først, at jeg vil skjelne mellem Kristi ord og Pauli ord. Jeg vil altid komme til at elske mere Kristi egne ord og person.

Naar jeg siger, „som kvinde i almindelighed", da er det alt andet end modbevisende eller overbevisende at bruge Pauli ord til gift kvinde, thi hun er i en stand og i egenskab af stand taler Paulus til hende, forfatteren har intet andet modbevis fundet.

Nei, man kan ikke paaberaabe sig, at Kristus overgav nogen offentlig stilling til nogen kvinde, men man kan tænke paa hans ord og hans maade at møde dem paa. Han sagde ikke til kvinden ved brønden, at hun skulde gaa ind i byen og vidne om ham, men han bebreidede hende ikke, at hun havde gjort det.

Han lod kvinderne følge sig, sendte dem ikke tilbage til deres hjem; ligeover for Martha klager han over hendes rastløse huslige iver. Ligeledes mødes jeg paa det andet ovennævnte sted med et feilagtig bibelsted, idet forfatteren bruger Paulus som begynder med, „Her er ikke Jøde og Græker", men det kan jo ikke gjøre stort.

Hvis dette ovennævnte bibelsted ikke skal have nogen frigjørende indflydelse paa de ydre forholde, da blir der, synes mig, intet nyt frihedsbud i det. Manden og kvinden har da ikke i egenskab af ansvarlig sjæl havt nogen forskjellig stilling ligeoverfor Gud, hvorfor skulde da apostelen gjøre opmærksom paa som noget nyt, at ligeovefor Kristus i sit sjæleforhold til ham, skulde de herefter være ligeberettiget. Nogen borgerlig forandring ligger vel ikke i ordet, men skulde der ikke være en ny forordning for menneskeværdet indbyrdes? Er ikke det netop Kristi lighedsbud, at i det kristne samfund skal alle være lige gode, uanseet den borgerlige stilling, idet det løfter menneskeværdet op over race, kjøns og kastespørgsmaal? Vi saa jo, at det var gaaet rent anderledes end det skulde med lighedsforholdet, at kvinden skulde være mandens sideordnede medhjælp. Saadanne sandheder synes mig ikke at have noget lokalt ved sig, men derimod de fleste, hvor Paulus gjør de daherskende samfundsforhold til gjenstand og udgangspunkt.

Mon ikke de kristne kvinder rettede sig faktisk efter Pauli ord som betydende ogsaa virkelige klæder, naar han siger i brevet til Titus: „Desligeste, at de gamle Kvinder skulde holde sig i Klæder, som det sømmer sig de Hellige, ikke være bagtalerske, ikke hengiven til megen Vin, men give gode Lærdomme". Muligens er det utreret af mig at tage baade dette bibelsted og det andet om, at de ikke bør pryde sig med guld eller perler, som aldeles lokalt, det kan være en advarsel mod forfængelighed og luxus til alle tider, skjønt udgangspunktet var lokalt. Hvorfor jeg atter optager dette er, for at paavise at saaledes mødes man altid. Vil man tage frem et virkelighedsbevis, nei saa er hvert ord et sindbillede, forfægter man, at det er det indre det gjælder, saaledes som stedet hos Peter om kvindens indre væsen, der skal være normen for al kvindelighed, saa fæster forfatteren opmærksomheden paa virkeligheden og finder en konstabels eller matros kone i mandens dont som et udtryk for ukvindelighed.

Mon det skulde ikke være saa, at Paulus har dømt fra de ham omgivende kvinder, har skrevet til dem de forordninger, som kunde gjælde hans tid uden dermed at ville sætte en norm for den sociale ordning 1800 aar efter?

KVINDESPØRGSMAALET

Paulus skriver: „Men kvinden tilsteder jeg ikke at lære". Paa et andet sted, at hun skal „tie i forsamlingen". Jeg gjentager min paastand i mit „Indlæg", at „Ugeskriftet har selv erkjendt, at dette gjaldt hans (Paulus's) tid, ikke vor, idet den tillader kvinden lærervirksomheden. Den lærerinde, som holder foredrag for voxne elever taler vel for en forsamling". Dertil svarer forfatteren. „Det ord, som her er gjengivet med „Kirke" eller „Forsamling" er det samme som i Almindelighed oversættes med Kirke eller Menighed. Der taltes her om de offentlige Menighedsforsamlinger". Naa ja, det er akkurat det, jeg altid har troet, at apostolen her talte om, hvorledes den unge kirke burde ordnes, om den kristne læres udbredelse paa hans tid, og i dennes udbredelse gir han de og de forordninger for kvindernes forhold. Paa anden lærervirksomhed af kvinden, har han vistnok aldrig tænkt. Vilde man derfor følge apostolen korrekt, saa kan jo dette gjælde kirkeforvaltningen og kristendommens udbredelse. Men forfatteren siger videre: „Nei, Lærerinden paa sin Skole taler ikke for nogen Menighedsforsamling, hun taler ikke offentlig, hun gjør derfor ikke Brud paa den apostoliske Formaning". Altsaa spørgsmaalet skal være, offentlig eller ikke offentlig, det blir ofte nok stridt at afgjøre, som kvinde blir man ikke betroet at afgjøre det, man har da at henvende sig til nærmeste theolog. Da kan det let blive som for en konstabels hustru, hun nægtes af pastor Færden ifølge Petri ord, at patrouillere i gaderne for sin mand, mens provsten Deinbol vil mene, at maa det ske, for familiens ophold, saa maa hun gjøre det ifølge Pauli ord.

En ting vil blive vanskelig at afgjøre, forfatteren siger i slutningen af sin bog, kvinden kan faa lov at være forfatter, men hvis hun nu vil læse denne sin egen skrevne bog høit for en forsamling?

I mit „Indlæg" har jeg sagt om underdanigheden i ægteskabet: „Naar der fremholdes kvindens forpligtelse, underdanighed, saa standses der *altid* før mandens forpligtelse som modsvarende følger med. Sker det ikke ogsaa i livet?

Enhver gutunge har faaet sig den brutale magt og overlegne stilling mod os indpræget i hjerte og sind. Der staar hos Paulus til kvinden, at hun bør være sin egen mand underdanig, til manden, at han skal elske sin hustru, som og Kristus elskede menigheden og hengav sig selv for den".

58

Forfatteren svarer mig, at nogen anke kan aldeles ikke træffe ham; "thi saavidt vor Røst naar, ville vi gjerne rette det indtrængende Raab til alle Ægtemænd. I Mænd elsker eders Hustruer, gjører det ikke vanskeligt for dem at bevare Hengivenheden og derigjennem den opofrende, villige og tjenende Underdanighed".

Ja, det er vakkert, at de beder mændene ikke gjøre sine koner "den tjenende Underdanighed" vanskelig; thi denne sidste stilling kunde kanske falde lidt svær for en "sideordnet Medhjælp".

Forresten er jeg ikke alene om det indtryk, som denne del af Kvindespørgsmaalet har gjort. Provsten Deinboll i "For frisindet Kristendom" af 1ste august 1885 "Om Særeie i Ægteskab", siger omtrent det samme, som jeg har sagt ovenfor og slutter med: "Forøvrigt kan der ligeoverfor dem, der næsten indtil Misbrug saa stærkt urgere over Udtrykket "Underdanig" maaske ikke være af Veien at bringe i Erindring, at Udtrykket i den hellige Skrift ikke blot bruges om Kvindens Forhold til Manden, men ogsaa om Forholdet mellem den kristelige Menigheds Medlemmer overhovedet. Umiddelbart foran Formaningen til Kvinderne om at være deres egne Mænd underdanige staar der skrevet: "Værer hverandre underdanige i Gudsfrygt". Og i Peters 1ste Brev 5, 5 lære vi; "Værer alle hverandre underdanige".

Hvor "Kvindespørgsmaalet" vil møde mine udtalelser om "Mandens og Kvindens Stilling til Kydskheden", udsiges om saavel franske som nordiske forfattere: "De har i Regelen stillet Spørgsmaalet i den Form hvorvidt en Kvindes tidligere Feiltrin, med eller uden Livsfrugt, bør danne nogen afgjørende Hindring for at selv den hæderligste Mand tør vælge en saadan Kvinde til sin Ægtehustru, naar hun siden har kunnet moralsk reises af sit Fald. Da ingen af disse Digtere har villet negte den Mand, der har begaaet et lignende Feiltrin, at indtræde i Ægteskab, er de i Kraft af Grundsætningerne om den absolute Ligestillelse komne til det Resultat, at den offentlige Moral heller ikke har Ret til at bryde Staven over den faldne Kvinde eller vægre sig for at anerkjende hendes Ret til igjen at indtræde i Familielivet som en hæderlig Ægtehustru og Husmoder. Her er der ogsaa virkelig pegt paa Kardinalpunktet, hvorom dette Spørgsmaal dreier sig. Om selve Synden er der ikke Strid. Om Ukydskheden, ligemeget enten den blir begaaet af Mand eller

Kvindespørgsmaalet

Kvinde har ialfald ikke vi fældet nogen mildere Dom end nogen af vore Modstandere".

Men altsaa forholdet til samfundet. Om denne digterens fordring om ligestillelse siger „Kvindespørgsmaalet", „at den hverken er den naturlige eller den kristelige". Videre siger det: „En falden Kvinde, er falden just *som Kvinde;* hun er nedstyrtet fra sin Kvindeligheds Dronningværdighed. Hun er som den Vestalinde, der havde ladet den hellige Ild slukkes; dermed har hun slukket ogsaa for sig selv, Livets lifligste Lys, — „hun er i Forhold til Samfundet lig Vestalinden, der blev levende begravet".

Hvorledes mødte Kristus disse faldne kvinder, og det er virkelig rart, at det er mest dem han taler til; mødte han dem ikke netop med en befrielse fra den haarde samfundsfordom, naar vi læser om den i hor grebne kvinde i Johannes evangelium.

Til de skriftkloge og farisæerne, som spurgte om de ifølge Mose lov skulde stene hende, siger Jesus, at den syndløse kvinde kaste den første sten.

Stillet lige over for hende i den moralske ansvarlighed tør de ikke, men gaar en for en bort. Da de saa stode alene igjen disse to paa den tomme plads, siger Jesus til hende: „Kvinde, hvor er dine Anklagere. Haver Ingen fordømt dig. Men hun sagde: Herre, Ingen. Men Jesus sagde til hende: „Jeg fordømmer dig ikke heller, gak bort og synd ikke mere".

Det forekommer mig umuligt at ville paastaa, at det var ene og alene den indre befrielse fra synden Jesus gav hende. Farisæerne maa dog her repræsentere den sociale, den borgerlige fordømmelse, ogsaa for den befrier Jesus hende. Forfatteren vil vist svare mig, at det her er evangeliet, som afløser loven. Ja, derfor vil vist aldrig Jesus sige, at en falden kvinde er som levende begravet, nei, han siger: „Jeg fordømmer dig *ikke heller.* Gak bort og synd ikke mere".

Jesus skulde her ikke mene, at en falden kvinde som reiser sig, kunde være ligesaa værdig til at ægte en agtværdig mand, som enhver anden kvinde. Forfatteren siger videre, at det ikke alene er den kvindelige person, som i saa langt høiere grad ødelægges, det er ogsaa ukydskhedens følger. Manden fører saa at sige „Synden ud af Familien. Kvinden fører den ind i Familien". Det afhænger jo ganske af forholdene om manden fører den ud af sin egen familie, men i saa fald fører han den ind i en anden. Det kan da være det samme for samfundet, i hvilken familie ulykken kommer, enten det er i hans egen eller i en andens, hvis han er skyld i den.

Der er virkelig ikke et eneste ord i hele bogen, som nævner om en reisnings mulighed ligeover for samfundet af en falden kvinde. Skulde det ikke netop være kristendommens lære i modsætning til verdslig dom. Derfor kalder jeg det ligesaavel samfundsmoral naar forfatteren begraver en falden kvinde for samfundet, uden at spørge om en mulig reisning, som naar han for manden letter alle byrder, som maatte i det praktiske falde paa ham efter et sædeligt feiltrin. Forfatteren finder det vistnok velment, men mindre velbetænkt, at der i storthinget blev foreslaaet, at manden i et illigetimt forhold skulde ved lov være forpligtet til at overtage det meste af udgifterne ved sit barns fødsel og opfostring. Forfatteren vil være med i „den sædelige Harme imod de letsindige Uslinger af Mænd, der søger at vælte den størst mulige Del af Syndens Følger over paa Barnemoderen". Men han mener, at de som ville rette paa misforholdet i at den ene part har alt trykket, ser ikke hen til naturens forordning, han har frygt for at man vil derved gjøre det for let for kvinden, naar hun skal være „Sædelighedens Vogterske". Provst Deinboll siger herom i Luthersk Kirketidene no. 16: „Forfatteren maa, saa synes det ialfald, ogsaa i dette Lovforslag se en Frugt af den Emancipation, som vil sætte sig udover de Kvinden i Guds Ord og Naturens Orden anviste Skranker. Dette Forslag skal altsaa være i Strid med Herrens Ord til Kvinden. „Med Smerte skal du føde dine Børn". Om denne Fortolkning, vil jeg kun sige at den er mindre velbetænkt".

Naar „Kvindespørgsmaalet" i samme sammenhæng fremsætter, hvad Kirkegaard siger: „Medens Kvinden føder sine Børn med Smerte, føder Manden sine Idéer med Smerte," saa kan det i et saadant forhold neppe være en eqvivalents som berettiger til, at han af den grund skulde være fritaget for øconomisk understøttelse. Desuden der er jo mangen mand i den kasus, at skulle understøtte, som aldrig haf født nogen idé.

Indlægget har aldrig som ufravigelig regel anbragt forførelsens last paa „Mandens Side". Jeg har blot i modsætning til, at manden skulde gaa uplettet ud af det, sat op den værste situation, i det tilfælde at han har forførelsens last paa sig, er ogsaa det forenlig med

KVINDESPØRGSMAALET

„sand Mandighed". Det har forfatteren ganske ret i, at det moralske ansvar strækker sig blandt mange ogsaa til de kvinder i selskabslivet, som ved en „letfærdig Klædedragt giver en Forargelse, der heller ikke undlader at bære sine Frugter, desværre ofte til Fordærvelse for deres i Samfundet lavere stillede og af sociale Hegn mindre omgjærdede Søster".

Netop paa disse forholde siges der, at manden og kvindens lod maa være saa ulige, idet loven alene her kan ramme kvinden, den kan ikke ramme de skyldige mænd. Jeg gad vidst det. Et tilfælde synes mer enkelt. For at faa tag i en kvinde, som man har mistænkt for usædelighed, er det tilstrækkeligt at kunne bevise, at hun blir betalt, hvorfor gjøres ikke ogsaa betaleren ansvarlig? Og endnu efter at synden lægger aabenlyse beviser paa kvindens fald, efter den levende begravelse, endnu bebreider forfatteren „kvinden" hendes ulige større Faldhastighed". Er der nogen, som venter andet af hende, er der nogen, som viser hende barmhjertighed i samfundet. Som en stemplet Magdalena at tage imod den medlidende hjælp i stiftelserne maa være surt nok.

For at bevise berettigelsen i den meget strengere fordring til kvinden anfører Kvindespørgsmaal Ed. Gammal s. 67, for mig staar der noget andet. „Det enda antagandet som i någan mån kann ursäkta deres obilliga stränghet mot kvinnen är, att man trot sig ega rättighet att af henna fordra mer oskuld och blygsamhet. Men å andra sidan har man aldrig fult gjort sig reda för alle de frestelser, lifvit inneburit och til en vis grad ännu innebår. Hon har varit rättslöss inför „aktenskapslagen, brödlös inför arfslagen, magtlös inför väldet".

Kvinden skal ogsaa have større sædelig „Falddygtighed", thi hendes finere organisme taaler ikke saa stærke rystelser som den grovere „derfor er den til Ukydskhed forfaldne Kvinde den moralske Verdens mest stinkende Aadsel". Kunde ikke dette siges end mer om manden ligeover for „den moralske Verden" fordi han ikke forbliver, hvor aadslet bør være, men har al samfundsret til at stinke sig ind i de reneste forholde?

Om det praktisk nødvendige i det hele spørgsmaal, hvilket egentlig slænger alle bevisførelser tilside, det, at den ugifte kvinde maa kunne ernære sig selv, at hun ikke vil sulte, ikke leve af almisser, hun vil endog undertiden have ret til at ernære med sig moder eller søstre. Om noget saa faktisk tales der aldrig i „Kvindespørgsmaalet".

Forfatteren henviser i saa henseende til skolevirksomheden, som er hende aabnet, men der vi jo er allerede overfyldt; forresten synes han, at der allerede för emamcipationsidéerne var kommet ind, var gaaet for vidt i enkelte retninger for kvinden.

Forfatterens fremstilling af en ugift kvinde er lidet opmuntrende, det er ligesom ikke et menneske, bare et princp eller et negativt væsen. Hans sindbilledlige fremgangsmaade for at fremstille en ugift kvinde viser det, han siger „Den engleske Fortatter, Macmillan, gjør i sin smukke Bog, Naturens Forjættelser, opmærksom paa, at den Del af en Blomst, som kaldes Honninggjemmet, er i mange Tilfælde en forvandlet Støvdrager, det vil sige en Støvdrager, der ikke længer tjener sit oprindelige Øiemed: at medvirke til Forplantelsen og dog udskiller dette Honninggjemme eller denne forvandlede Støvdrager i sin forandrede Skikkelse en sød Vædske der tiltrækker Bier og andre Insekter, ved hvis Indtrængen i Blomsten, Støvkornene spredes og falder paa Støvveiene. Derved bidrager Honninghjemmet til en mer fuldkommen Befrugtning af Planten og udfører sin Rolle i Blomstens Husholdning paa en mer beundringsværdig Maade, end om den havde bevaret sin oprindelige Form og Funktion". Ved kristendommens indflydelse skal der hos den ugifte kvinde foregaa en aandelig udvikling lignende støvdrageren til honninghjemmet. Det er et mærkværdigt billede og en mærkværdig forandring der skal foregaa, hvorved den moderlige natur saaledes kan blive til mer velsignelse end om den var kommet til anvendelse paa umiddelbar maade.

Men hvad er støvdragerens oprindelige form og funktion; den er jo det mandlige element i blomstens verden, det er det uforklarlige ved billedet. Senerehen blir der end mer confusion, thi i sit svar til mit „Indlæg" siger forfatteren om dette billede fra botaniken: „Det skal indrømmes, at Billedet passer alene under Forudsætning af, at der virkelig existerer en særegen Kvindenatur med eiendommelige Anlæg, der vistnok kan udfoldes og udvikles i forskjellige Retninger, men vel at mærke kun indenfor visse naturlige Grænser. Dersom disse overskrides, da vil Forvandlingen frembringe Vanskabninger og ikke forædlede Væxter". Det forekom mig allerede forud saa forvansket, at nu finder jeg mig ikke mer til rette. Man skulde tro, at emancipationen ogsaa var kommet forstyrrende ind i blomsternes rige og havde huseret rundt med kjønnene, saa der ingen greie var mer der heller.

Naar nu den ugifte kvinde gaar denne rette forvandlingens uforklarlige vei til honninggjemmet eller forvandlet støvdrager, da kan hun ikke „forfeile sin Bestemmelse, thi dette kan ske til Velsignelse for mangt et Bistade og for en stor Kreds af spirende Liv. Der vil aldrig komme denne Tid, da Verden ikke mer skulde have Brug for saadanne Honninggjemmer. Der vil til alle Tider være Trang til dem, baade i Familierne, i Skolerne, ved Sygeleierne, ved Asylerne, i den indre Missions mangehaande Kjærlighedsgjerninger og i — Literaturen".

Efter dette mange gange i bogen gjentagne resumé af, hvad den ugifte kvinde „Honninggjemmet" har at gjøre paa jorden, som jo er saa aldeles indskrænket, at det bare indrømmer *en* slags begavelse og interesse. Efter alt, hvad der er sagt bogen igjennem, for at dukke os ned i afhængighed, siger dog forfatteren:

„Vi kan ikke vedkjende os „Indlæggets" Gjengivelse af vore Ord eller vor Mening, naar det lader os udtale den Dom over den ugifte Kvinde: „du skal netop grave dit pund ned; deraf skal opvoxe en udartet støvdrager med et honninggjemme, som du altid er pligtig at holde fyldt med søde vædsker. Disse søde vædsker skal du hente fra resignationen, og du bør have nok af det stof, thi du har ikke lov at søge dig nogen positiv lykke paa jorden. Guds i dig nedlagte evner skal være dig et tugtens ris til ydmyghed". — Til en saadan Forstaaelse af vor Tanke kan man ikke komme, uden man for Kvinden sætter dette absolute Enten — Eller: enten naar du ‚høiden, idealet af livsbestemmelsen' i et ‚godt ægteskab', eller saa faar du, saafremt du ikke naar dette Maal, se til „at leve et selvstændigt liv", emanciperet fra Familielivets Baand, for at du ikke skal behøve at „dræbe den fine følelse ved at ligge til byrde" og være nødt til at „hænge sig fast" paa sine Slægtninge".

Ja, dette er ord til andet min mening, og jeg synes, at forfatteren har netop citeret af mit „Indlæg" de sandeste ord, der findes. Mon der gives et eneste hæderligt, arbeidsdygtigt menneske, som ikke vilde synes, det var at dræbe sin fine følelse, naar de var nødte til at ligge som en byrde paa sine slægtninge? Vilde de ikke gjøre alt, hvad de kunde, for at komme langt bort fra denne pinlige stilling. Skal dette slavesind forlanges af en kvinde, saa der skal railleres over, at hun opponerer derimod. Jeg tænker forfatteren og jeg vilde have samme tanker, samme følelser i en lignende situation, mer forskjel er der ikke paa os som kjøn i saa henseende.

Først naar kvinden staar selvstændig, det vil sige, at hendes stilling er frivillig, det kan jo være hendes bestemte frie valg at være med i familie, hvor hun nu saa er, enten i en andens hjem eller paa, hvad forfatteren kalder hendes „Selvstændigheds Flugt paa de nye Baner", først som selvstændigt menneske kan hun faa udvikle den „ægte Kvindelighed". Derfor er det saa farligt, at der altid indpodes kvinden den tro, at alle andre ved bedre, hvad der paser sig for hende, eller tjener til hendes bedste, end hun selv, at hun dræber sin natur i sig ved at dømme for sig selv, at hendes svaghed er hendes styrke. Langtfra kvinden er ikke skabt til at være en snylteplante, er hun blevet det, faar hun se at komme bort derfra. Jeg tror ikke engang paa den moral i ægteskabet, at hun bør være vinranken, som slynger sig om den stærke egestamme. Midlet, til for hende at finde livslykke er selvstændig at danne sig et hjem ud ifra sig selv ikke ved at ville dele af andres lykke.

Til idealet af livsbestemmelsen naar sikkert ikke den ugifte, det er umuligt, men skal det forfærde saaledes. Ialfald det forhjælper hende ikke til opfyldelsen af sin bestemmelse at slutte sig til en anden „Familiearnes hjertevarmende Ild". Det er ikke nogen livsbestemmelse det, at hun trænger til hygge, dertil trænger den enlige mand mer, det er ikke noget kjøns mærke.

Nei, det er netop ulykken, uretten det, at den ugifte kvinde er blevet henvist til at snappe lidt til sig af de andres lykke istedetfor at have retten til at skaffe sig en egen selvstændighed. Lykken faar hun ikke dele, det ligger jo i sagens natur, hun er jo ikke hustru og moder. Sorgerne derimod, dem faar hun part i, det vil ogsaa forfatteren; thi hendes livsopgave skal være at „lindre, pleie, hjælpe og trøste". „Hvilket „Honninggjemme" har ikke mangen ugift Tantes Kjærlighed været for en stor Skare af Broder- og Søsterbørn, blandt hvilke hun er gaaet om som Trøsterinden i Sorgen, som

Raadgiverinden i alle vanskelige Tilfælde, som Fredsstifterinden i al Uenighed, som Hjælperinden i al Ulykke". Jeg ved ikke, men jeg faar indtryk af en ligvognskusk.

Der er jo noksaa sorgfulde glæder, hun har faaet hidindtil, denne ugifte tante; i regelen er hun blevet ofte en umedgjørlig, bitter gammel jomfru. Men det maa hun ikke blive, thi da er honninggjemmet blevet skarpe torner, og det er en stor feil.

Det hele skal fra min side være inkonsekvent, naar jeg kan sige i mit indlæg, at idealet for livsbestemmelser for kvinden er et godt ægteskab „medens", siger forfatteren, „man ikke har nogensomhelst Anvendelss for de til denne Bestemmelse svarende Anlæg i de mangfoldige Tilfælde, i hvilke der lægges Beslag paa disse Anlæg i Ægteskabet". Hvorledes kan der andetsteds end i ægteskabet lægges beslag paa de anlæg, kvinden har for denne stilling? Hun blir da ikke mer hustru eller mer moder, om hun er i familier, i skoler, ved sygeleier, i den indre mission ellet i literaturen, det kan da ikke nærme hende til idealet af livsbestemmelsen et godt ægteskab.

Min inkonsekventse skal fortsættes, naar jeg siger, „den rigeste skjønneste lod for en kvinde er at være en lykkelig hustru og moder, men hvem kan ikke vide det bedre end de som føler savnet".

Forfatteren synes her, at det er en falliterklæring for emancipationen, at ingen uafhængighedsfølelse, „ingen selvstædning Stilling", „ingen offentlig Rettighed" skal kunne udrydde dette savn og siger: „Dette Savn skulde hver ugift kvinde dømmes til at gaa med gjennem Livet", Ja, jeg kan ikke fatte andet end at saa maa være.

Saasandt mennesket er skabt med en naturside, som ikke kommer til udvikling, saa maa der blive et savn, det gjælder jo ligefuldt for begge kjøn eller end mer for manden.

Men de kvinder, for hvem dette blir et „nagende Savn" eller „en Dødsvægt paa Livsløbet", blir „vistnok snarest dem, som ikke har faaet en modvægt i en livsoptagende interesse, men som ere henviste til et afhængigt, uselvstændigt liv. Vi behøver bare at se os omkring for at mærke, at saasnart en ugift kvinde ser sig istand til økonomisk og socialt at staa paa egne ben, da blir hun gladere og freidigere, varmere og kjærligere for alle omkring sig, det bittre og mistænksomme falder bort. Den kvinden eiendommelige evne at brede hygge omkring sig, at ordne et hjem, den faar jo den ugifte først rigtig brug for, naar hun kan etablere et hjem for sig selv. Ja, jeg gaar sogar saavidt, at jeg tror, at en ugft kvinde i et eget hjem undertiden kan være for flere mennesker til nytte, hjælp og hygge, end en husmoder, hvis hele følelse og interesse ofte er concentreret paa mand og børn.

Thi et standpunkt en personlig, selvstændig position ønsker vel ethvert fribaaret menneske at have, og jeg indser ikke, hvorfor det ikke skulde have ret til at ønsker det.

Om forfatterens fremstilling af, hvorledes den ugifte kvindes stilling bør være, vil jeg faa lov til at gjentage mine ord fra mit „Indlæg": *„det er for mig indbegrebet af ukjærlighed med sin næste".*

Forfatteren siger, at denne min strenge dom langtfra krænker ham, han er i det hele bare taknemlig, fordi jeg har været anledningen til, at han har faaet tale ud. Min ovennævnte yttring er ham en tilfredsstillelse da den er et bevis paa, at jeg dog er kvinde og som saadan ikke „ledes af Upartiskhed og Betænksomhed", heller ikke „kan skjelne mellem Person og Sag", ligeledes er kvindens „Tænken egentlig et slags Følelse".

Jeg kan ikke smigre mig med, at have været anledningen, for jeg synes, at svaret til mig, er aldeles en gjentagelse af den første del, hvorpaa mit var et svar. Om det er forfatterens eller min person, jeg ikke kan skjelne fra sagen, aner jeg ikke, der er tidligere ingensomhelst grund til nogen personlig uvillie mod forfatteren fra min side. Paa mig personlig passer ikke forfatterens efter min mening ukjærlige ord, da jeg *har* faaet mig et hjem, og en selvstændig stilling endogsaa inden en kunstretning, og dette sidste er jo egentlig tilladt os i „Kvindespørgsmaalet".

Denne „Subjectivisme" er af de ting, som hører til kvindenaturen, hvilke forfatteren ønsker at bevare, — den gjør hende nemlig efter forfatterens mening uskikket til „Deltagelse i det offetntlige Liv".

Hvis vi kvinder har den feil at se smaat og ensidigt og ikke at bruge vor tanke og logik som forfatteren beskylder mig for i mit kjøns navn, da bør jo den anklage anspore os til at rette paa disse feil.

Vi kan da ikke med forfatteren synes, at de ere en ønskværdig eiendommelighed, som bør bevares for at befæste den stilling, de to kjøn skal have til hinanden.

Bibliography

Bebel, Ferdinand August. *Die Frau in der Vergangenheit, Gegenwart, und Zukunft.* Hottingen–Zurich, 1883. [Published in English as *Woman in the Past, Present and Future.* San Francisco, 1897.]
Beecher Hooker, Isabella. *Womanhood: Its Sanctities and Fidelities.* Boston, 1873.
Edmund den gamle [Eva Andreetta Fryxell.] *Qvinnofrågan Jemförelser mellan de Tre Stora Kulturfolkens Nutidsåsikter Rörande Könens Psykiska Begåfning och Sociala Ställning: Studie.* [The Woman question: comparisons between the contemporary views of the three major cultures regarding the mental aptitude and social positions of the sexes: a study.] Stockholm, 1880.
Færden, Michael J. *Kvindespørgsmaalet: Gjennemseet og Forøget Udgave af Redaktionsartikler fra "Luthersk Ugeskrift."* [The woman question: revised and expanded editorial articles from "Lutheran Weekly."] Christiania, 1885.
Holberg, Ludvig. *Dannemarks Riges Historie.* [History of the kingdom of Denmark.] 3 vols. Copenhagen, 1732–35.
Kielland, Alexander Lange. *Skipper Worse.* Oslo, 1882. Translated by Christopher Fauske, edited by Jeff Voccola. Merrick, NY: Cross-Cultural Communications, 2008.
Kielland, Kitty L. "Et indlæg i kvinde-sagen," *Luthersk Ugeskrift* (1885) 209–15.
———. "Mors kjæledegge." *Nyt Tidsskrift* 4 (1885) 282–99.
Kierkegaard, Søren. *Either / Or.* [*Enten / Eller,* Copenhagen, 1843.] Edited and translated by Howard V. Hong and Edna H. Hong. Kierkegaard's Writings IV. Princeton: Princeton University Press, 1987.
Koblitz, Ann. *A Convergence of Lives: Sofia Kovalevskaia, Scientist, Writer, Revolutionary.* 2d ed. New Brunswick: Rutgers University Press, 1993.
Macmillan, Hugh. *Bible Teachings in Nature.* London, 1867.
———. *Naturens forjættelser.* [A translation into Danish of *Bible Teachings in Nature* by Ferdinand C. Sørensen. Copenhagen, 1876.]
Magill, Edward H. *An Address upon the Co-Education of the Sexes.* Philadelphia, 1873.

BIBLIOGRAPHY

Melgård, Anne. ed. *Kitty L. Kielland og Arne Garborg Brevveksling 1885–1906*. Oslo: NB kilder 8:1 Nasjonalbiblioteket/bokselskap.no, 2018. https://www.bokselskap.no/boker/brevkiellandgarborg/tittelside.

Review of *Kvindespørgsmaalet* by Kitty Kielland. *The American: A National Journal Published Weekly, on Saturday* 33 (30 October 1886) 28.

Roumimper, Sunniva. "Kitty Kielland—skarp i kantene og bløt i midten." https://hjernetrollet.wordpress.com/2010/09/13/kittty-kielland-skarp-i-kantene-og-bløt-i-midten/.

Wichstrøm, Anne. *Kvinneliv, Kunstnerliv* [Women's lives, artists' lives]. Oslo: Gyldendal, 1997.

www.ingramcontent.com/pod-product-compliance
Lightning Source LLC
LaVergne TN
LVHW051705080426
835511LV00017B/2745